POURQUOI LES RICHES POSENT PROBLÈME

20 idées reçues sur les inégalités

Philippe Richard

Pourquoi les riches posent problème

20 idées reçues sur les inégalités

Je remercie chaleureusement toutes les personnes avec qui j'ai pu échanger sur ce thème épineux des riches, venant d'horizons divers, de la fondation Copernic, du mouvement Attac et des Rencontres Déconnomiques, mais aussi de mouvances plus libérales, et bon nombre de citoyens sans affiliation politique marquée.

Cet ouvrage est une réponse à toutes les idées reçues que j'ai pu entendre sur les riches lors de la sortie de mon premier livre, *Abolir le droit à la fortune*, paru aux éditions Couleur livres en 2017, puis du deuxième, *Vers une société plus juste : manifeste pour un plafonnement des revenus et du patrimoine*, paru aux éditions Les liens qui libèrent en 2019 avec la fondation Copernic.

Site Internet dédié au sujet : main-ouverte.org

Préambule
Qui sont les riches ?

L'objectif de ce livre est d'aborder sans tabou le thème si délicat des riches, à travers différentes affirmations que nous entendons souvent : les riches ont toujours existé car les inégalités sont naturelles ; en travaillant dur, chacun peut devenir riche ; on critique les riches par jalousie ; les riches consomment et investissent ; les patrons créent des emplois ; les riches prennent des risques et innovent ; plus il y a de riches et moins il y a de pauvres ; les riches payent beaucoup d'impôts...

Tout d'abord, commençons par définir la classe des riches. Qui regroupe-t-elle ? Se résume-t-elle aux 2 000 milliardaires de notre planète, dont une centaine en France ? Ou bien regroupe-t-elle une vaste population qui vit de façon confortable, composée de cadres, de professions libérales et de petits patrons ? Ni l'un, ni l'autre. La classe des riches ne se limite pas à quelques fortunés, mais elle se distingue également de la classe aisée.

Le riche se caractérise comme une personne disposant d'un revenu et d'un patrimoine lui conférant un pouvoir économique au sein de notre société. Le riche est non seulement peu tributaire des contraintes financières que subissent les autres classes sociales, mais, plus encore, il dispose de marges de manœuvre importantes dans ses choix et décisions économiques, dont la portée dépassera son seul entourage, impactant un territoire, localement ou plus largement. Ainsi, sa fortune le place dans une classe spécifique, bien différente des classes populaire, moyenne et aisée, et dont le nombre s'avère suffisant pour constituer une classe économique à part entière.

Il nous reste désormais à déterminer le seuil de richesse qui permet d'accéder à cette classe. En considérant les revenus et les patrimoines comme les deux critères économiques de référence, nous constatons que ceux-ci s'écartent de ceux du reste de la population pour les 1 % les plus fortunés d'une zone géographique (une ville, une région, un pays...). En France par exemple, le riche gagne au minimum 10 000 € nets par mois et possède au moins 2 millions d'euros (2 M€) de patrimoine. Ces minima cachent de grandes disparités. Le revenu moyen de la classe des riches atteint 24 000 € par mois, pour un patrimoine de 6 M€ en moyenne[1]. Ces montants explosent pour quelques-uns d'entre eux.

---

1. Montants évalués selon les données de Thomas Piketty publiées dans revolution-fiscale.fr et mis à jour selon les données des *Global Wealth Databooks* du Crédit suisse. Ce sont des montants individualisés et non par foyer.

Classes économiques selon le revenu et le patrimoine - France

Catégorie de population	Part de la population française	Nombre d'adultes	Revenu individuel net mensuel	Patrimoine individuel net de dettes
Extrêmement riches	0,001%	500	> 500 000 €	> 100 000 000 €
Ultra-riches	0,01%	5 000	100 000 € à 500 000 €	30 000 000 € à 100 000 000 €
Très riches	0,1%	50 000	30 000 € à 100 000 €	10 000 000 € à 30 000 000 €
Riches	0,9%	450 000	10 000 € à 30 000 €	2 000 000 € à 10 000 000 €
= Classe des riches	1%	505 500	> 10 000 €	> 2 000 000 €
Classe aisée	9%	4 500 000	3 500 € à 9 000 €	400 000 € à 2 000 000 €
Classe moyenne haute	30%	15 000 000	2 000 € à 3 500 €	135 000 € à 400 000 €
Classe moyenne basse	30%	15 000 000	1 200 € à 2 000 €	10 000 € à 135 000 €
Classe précaire	30%	15 000 000	< 1 200 €	< 10 000 €
Médiane globale		50 000 000	1 500 €	103 000 €
Moyenne globale		50 000 000	1 800 €	215 000 €
Médiane chez les actifs		30 000 000	1 750 €	
Moyenne chez les actifs		30 000 000	2 200 €	

Tableau donné à titre indicatif, à partir des données de T. Piketty, *Pour une révolution fiscale*
et réactualisées des rapports de l'Insee et du Crédit suisse. Le revenu est en euros nets perçus avant impôts.
La population regroupe les adultes : les étudiants et personnes au foyer sont rattachés à la classe du référent du ménage.

1.
Les riches sont peu nombreux, laissons-les tranquilles

Si les riches ne représentent que 1 % de la population, ils accumulent une grande richesse : plus de 10 % des revenus du pays et 25 % de l'ensemble du patrimoine des ménages français. Ils se partagent ainsi 3 140 milliards d'euros de patrimoine, nets de dettes. Le riche détient 55 fois plus que le Français « moyen ». Et, contrairement aux Français « moyens » qui possèdent principalement leur résidence principale (58 % en sont propriétaires), les riches détiennent une part importante des entreprises et des placements financiers du pays : 35 % du patrimoine économique national, hors immobilier[2].

Il est donc étonnant que le sujet des riches soit si peu évoqué dans le débat national. Toute discussion autour des riches est rapidement esquivée pour se focaliser sur d'autres thèmes et problèmes, comme les chômeurs, les pauvres, les délinquants, les migrants, en éclipsant tout lien entre les riches et nos difficultés économiques et sociales. Le postulat est simple. Les

---

2. Montants évalués selon les données de Thomas Piketty publiés dans *Capital et idéologie*, Seuil, 2019, de l'Insee, *Le Patrimoine économique national en 2020*, octobre 2021, et les statistiques françaises des notaires portant sur les successions.

riches forment une petite population paisible, qui ne demande rien à personne et contribue activement à la richesse du pays. Alors laissons-les tranquilles ! C'est un peu court tout de même, car si les riches sont effectivement peu nombreux, ils occupent néanmoins une place centrale du fait de leur pouvoir économique, de l'importance des décisions qu'ils prennent et de leurs conséquences. Contrairement aux autres classes sociales et économiques, les décisions des riches impactent en effet la société entière. Grâce à leurs capitaux, c'est à eux que reviennent les décisions d'embaucher, d'investir, d'augmenter les salaires, comme de licencier, de délocaliser, d'augmenter les dividendes, de s'expatrier fiscalement, etc. Pourquoi ne pas en parler ?

Une nation a assurément besoin de richesse et de capitaux. A-t-elle vraiment besoin de riches ? Est-ce un problème que la richesse soit concentrée entre les mains d'une minorité ? La situation peut devenir dangereuse pour les intérêts d'une nation lorsqu'une minorité détient le pouvoir économique sans qu'elle protège les intérêts de la nation. La caste des riches détient plus de 35 % des actions des entreprises, c'est-à-dire des droits de propriété, donc du pouvoir de décision. Comme ils possèdent les grandes entreprises, avec des participations souvent significatives voire majoritaires, ils dominent l'ensemble du système, car ils sont situés en haut de la pyramide économique, celle qui dicte ses conditions et sa loi.

Finalement, la France est passée d'une monarchie où régnaient 1 % de nobles, à une oligarchie où règnent 1 % de riches. Bien sûr, cette réalité n'est pas particulière à la France. Si les inégalités de patrimoine sont un peu moindres en Belgique et au Japon, elles sont comparables au Royaume-Uni, en Italie et en Australie, elles sont plus fortes en Europe du Nord, en Espagne, au Portugal, au Canada, et bien pires aux États-Unis et dans de nombreux pays émergents, où les 1 % les plus riches possèdent plus de 35 % de l'ensemble du patrimoine national.

Les riches prennent les décisions, et celles-ci ne visent pas le plus grand bénéfice de l'ensemble de la nation. Ils ont toujours privilégié leurs intérêts. Le problème actuel est que la mondialisation de l'économie s'est accompagnée de dérégulations qui offrent toute liberté aux plus mobiles. Grâce à la mobilité des personnes, des capitaux et des domiciliations d'entreprise, les riches peuvent désormais s'extraire de leurs obligations, ce dont ils ne se privent pas. Les grandes fortunes, leurs entreprises et leurs capitaux se délocalisent vers les paradis fiscaux et les pays à bas coûts, en toute impunité. La compétitivité qu'impose une économie mondialisée ne forme en réalité qu'un prétexte pour dissimuler les opérations d'optimisation des plus riches, qui n'hésitent pas à abuser de la mondialisation pour s'extraire des lois et réglementations nationales, avec pour seule finalité leurs profits.

Le libéralisme économique s'est étendu au monde entier et profite aux plus riches, au détriment d'une grande majorité des populations des pays riches. Le développement économique que les pays occidentaux ont connu au cours du XXe siècle ne semble plus qu'un lointain souvenir. Le pouvoir des riches est amplifié par leur pouvoir d'influence auprès du grand public, mobilisé afin que leur domination ne soit jamais remise en cause. En tant que propriétaires et financeurs de nombreux médias et de fondations, ils ont en effet le pouvoir de faire et défaire les carrières, celles des politiques, des journalistes, des artistes, des intellectuels, des cadres d'entreprise. Dans nos démocraties délégataires, qui laissent peu de place à la participation directe des citoyens, la collusion entre les riches et les élus politiques est de mise, puisque ces derniers ont besoin du soutien des premiers. Nous nous retrouvons alors avec des élus politiques particulièrement attentionnés envers les plus riches, ne remettant pas ou si peu en cause leur pouvoir. Nous mettons souvent en exergue la démocratie. Pourtant, elle s'avère défaillante.

Certains critiquent les migrants qui viennent profiter des avantages de notre pays, des non-vaccinés du Covid-19 qui ne prennent pas leurs responsabilités vis-à-vis de la nation. Les riches, ne profitent-ils pas de notre pays pour s'enrichir sans vergogne sans payer leur dû ? Assument-ils leurs responsabilités ? Les riches sont peu nombreux mais leur domination est totale. Alors faut-il laisser les riches tranquilles ? Non, cette impunité ne doit pas perdurer !

2.
On critique les riches par jalousie

Voilà la réplique idéale pour contrer toute critique des riches : elle est motivée par la jalousie ! Cette affirmation facile a pour objectif de délégitimer toute opposition à cette caste par un sentiment de culpabilité, clôturant immédiatement tout débat. Critiquer le riche reviendrait à ne pas assumer son échec, celui de ne pas être riche soi-même. C'est simpliste mais efficace. Cela signifierait donc que seuls les riches auraient le droit de s'autocritiquer. Étonnant, car nombreux sont ceux qui critiquent les chômeurs, les fonctionnaires, les migrants, sans être nullement concernés.

Est-ce un hasard si la fortune des dix Français les plus riches est passée de 22,9 milliards d'euros en 1997 à 240,8 milliards en 2017, puis à 516,5 milliards en 2021, selon le classement des grandes fortunes françaises de *Challenges* ? Dix Français captent une fortune comparable à celle de la moitié de la population française, soit 25 millions d'adultes les plus pauvres. L'ensemble des 1 % des plus riches possèdent autant que 80 % des Français. Est-ce acceptable et souhaitable ? Cette fortune profite-t-elle au pays ? Non.

Ici, une question de fond devrait nous interpeller. Quel est le bien-fondé de l'enrichissement personnel ? Si les revenus du travail représentent bien l'essentiel de la richesse d'un pays, ce sont les revenus du capital qui font les riches. La fortune ne vient jamais uniquement de son propre travail, comme nous le verrons, mais du capital possédé qui, lui, permet de retirer une rente du travail d'autrui, qui justement ne dispose pas de capital ou trop peu pour en vivre. Ainsi, selon l'Observatoire des multinationales[3], en vingt ans, les dividendes des entreprises du CAC 40 ont augmenté de 269 %, presque quatre fois plus vite que leur chiffre d'affaires (+ 74 %) et dix fois plus vite que leur effectif mondial (+ 26 %). En France, leur effectif a baissé de 12 %, pour un chiffre d'affaires en hausse de 26 %. Le propriétaire d'un capital dispose des profits et de la plus-value issus de son capital, non le travailleur, bien que ce soit pourtant ce dernier qui permette la valorisation du capital utilisé. C'est ce droit au profit tiré de la propriété qui apporte la fortune personnelle ; pas le travail.

Lorsque vous disposez de capitaux, vous pouvez en effet les prêter, les placer ou les investir et en retirer un revenu, même si vous n'avez pas travaillé directement pour contribuer à ce revenu. C'est la rente capitalistique. Et cette rente peut devenir colossale lorsque le capital est important parce qu'il permettra de profiter d'économies d'échelle, de pouvoirs de négociation et d'opportunités diversifiées à hauts rendements. Le petit épargnant se tourne vers des placements plus sûrs mais peu rémunérateurs, tandis que le riche diversifie les siens et s'assure de hauts

---

3. « CAC 40 : le véritable bilan annuel », multinationales.org, novembre 2020.

rendements. Le petit commerçant, l'artisan, le petit indépendant investit l'ensemble de son capital dans une affaire qui, au mieux, lui permet de vivre correctement, mais avec des perspectives de gains limités. Le gros investisseur acquiert des sociétés ou parts de société dont les dividendes et les perspectives de croissance s'avèrent élevés car il profite des économies d'échelle des grandes entreprises et de leur pouvoir de négociation et d'innovation pour augmenter les rendements. C'est ce qu'on appelle les rendements croissants. La taille apporte ainsi un avantage concurrentiel déterminant. C'est la raison pour laquelle les entreprises fusionnent et que les multinationales prospèrent, tout comme les milliardaires, au détriment des entreprises plus petites. Cette réalité s'est renforcée avec le développement de nouvelles technologies dans les communications qui favorisent la globalisation des marchés et génèrent des effets de réseaux importants – une source quasi infinie d'économies d'échelle et de rendements croissants. C'est la raison pour laquelle les fondateurs des réseaux Internet se sont si vite enrichis. Ce n'est en rien leur travail qui a fait leur fortune, mais la capacité des réseaux à regrouper de nombreux membres, « monétisables » par leur propriétaire, avec des coûts marginaux modestes.

Ce qu'il faut bien comprendre, c'est que la richesse se crée par le travail humain et par l'utilisation d'un capital productif qui améliore la productivité du travail (machines, locaux, brevets...). La question pertinente concerne alors la répartition de la richesse créée, entre la rémunération du travail et celle du capital productif. Le problème se situe à ce niveau-là. La part de la rémunération du travail diminue depuis trois décennies, au profit des dividendes, dont le poids a globalement doublé, et plus encore pour les grosses entreprises, générant des inégalités croissantes entre d'un côté les salariés, mais aussi les indépendants et petits patrons, et de l'autre côté les grands propriétaires de capital et les multinationales. C'est la raison pour laquelle les classes populaire et moyenne des pays occidentaux se paupérisent. C'est une réalité, pas un sentiment (de jalousie).

La critique des riches ne repose donc pas sur la jalousie mais sur les perversions d'un système qui crée un cercle infernal, favorable aux plus riches grâce au pouvoir que leur confère le capital, et amplifié par un effet « taille » toujours plus redoutable, qui renforce sans fin leur fortune et leur domination. À l'inverse, la situation empire pour les moins riches, car ils subissent le pouvoir de négociation grandissant des plus puissants, exigeant des rendements toujours plus élevés, imposant ainsi des baisses de prix aux petits fournisseurs et une stagnation des salaires aux travailleurs. Nous sommes de plus en plus nombreux à nous embourber dans un cercle vicieux : après les chômeurs, les précaires et les salariés sans qualifications, viennent le tour des petits commerçants et artisans, des petits patrons, des salariés et fonctionnaires plus qualifiés. On comprend mieux les frustrations croissantes de la population.

3.
Les riches ont toujours existé
car les inégalités sont naturelles

Cette affirmation n'est que rarement explicite. Elle reste souvent voilée, sous-entendue. Il existerait des personnes bien nées qui méritent la fortune, par leur talent, leur implication, leur savoir-être – en réalité leur origine sociale. L'histoire conforte cette opinion puisque les inégalités de richesse ont souvent été normalisées durant les siècles passés et dans les diverses sociétés humaines.

Pour autant, peut-on affirmer que les inégalités soient naturelles ? Ou ne s'agit-il pas plutôt d'une institutionnalisation des inégalités, voulue et réalisée par les dominants, légitimant leurs privilèges, c'est-à-dire leur pouvoir et leur fortune ? Est-il naturel que les plus gros salaires aient vu leur part augmenter de 50 % ces dernières décennies en France[4] ? Leurs revenus dépassent désormais 30 fois le revenu moyen des Français. Les patrons français du CAC 40 gagnent cent fois plus que les petits patrons, sans pour autant travailler plus qu'eux. Ces excès nous arrivent des États-Unis où les revenus des dirigeants des grandes

---

4. Le poids des 0,1 % des salariés les mieux payés est passé de 2 % dans les années 1950-1980 à 3 % actuellement du total de la masse salariale selon l'Insee.

entreprises américaines sont passés de 20 fois le salaire moyen en 1965 à 270 fois actuellement.

La situation est encore plus favorable pour les grands propriétaires, dont la fortune ne cesse d'augmenter, même en temps de crise. 1 % de la population mondiale détient près de 50 % du patrimoine mondial[5]. Ainsi, 56 millions de millionnaires en dollars se partagent 188 000 milliards de dollars de patrimoine, nets de dettes, soit 45 % de la richesse mondiale. En dix ans, les millionnaires sont deux fois plus nombreux dans le monde pour une fortune globale qui a triplé, très loin de l'enrichissement qu'a connu dans le même temps le reste de la population. Les patrimoines d'une minorité s'envolent, tout comme leurs revenus.

Même les crises économiques et sanitaires n'empêchent pas l'enrichissement de cette minorité. L'argent des banques centrales coule à flots pour faire face aux crises, faisant mécaniquement augmenter la valeur de tous les actifs existants, l'immobilier et plus encore les entreprises, ce qui profite à la minorité possédante. Le nombre de milliardaires ne cesse donc de croître dans le monde, selon le classement annuel des fortunes de *Forbes*, passant de 140 en 1987, à 2 720 en mai 2021, pour une fortune cumulée de 13 400 milliards de dollars actuellement, contre moins de 300 milliards en 1987. Les milliardaires possèdent ainsi aujourd'hui plus que les trois quarts de l'humanité (la plus pauvre) ! Ces 2 720 milliardaires valent-ils autant, voire plus, que 6 milliards d'humains ? Selon

---

5. Crédit suisse, *Global Wealth Databook 2021*, juin 2021.

notre modèle, oui. Jusqu'où ces inégalités iront-elles ? Seront-elles tenables longtemps ?

Ce processus inégalitaire n'a en fait rien de naturel. Il est institutionnel, généré par le système en place. Que ce soit par la force (les dictatures), par le droit divin et du sang (les monarchies et la noblesse) ou par le droit de la propriété (la bourgeoisie), les différents systèmes ont toujours favorisé la classe dominante, car c'est elle qui les façonne, à son avantage. Dans notre modèle, c'est la bourgeoisie qui détient le vrai pouvoir, le pouvoir économique issu de la propriété du capital. Certes, de tous temps, au-delà de la fortune économique, la caste dominante a eu les moyens de s'éduquer, d'apprendre les bonnes manières, d'acquérir la connaissance nécessaire et de faire valoir sa domination. Mais rien n'est naturel, c'est la conséquence d'une situation privilégiée et non les fruits d'un mérite purement personnel.

En revanche ce qui semble naturel, c'est que certains humains recherchent la domination et le pouvoir, et sont prêts à beaucoup pour y parvenir, puis pour légitimer leur position et la préserver. La fortune est une composante essentielle du pouvoir, parce qu'elle permet de contraindre et de soumettre une grande partie de ceux qui ne sont pas riches. La bourgeoisie riche du XVIIIe siècle a ainsi réussi à renverser la noblesse appauvrie, afin de prendre les rênes du pays, ajoutant ainsi à son pouvoir économique le pouvoir politique qui lui manquait. Elle a, en contrepartie, et après des luttes acharnées, concédé une plus grande égalité de droits, mais en s'abstenant bien de la garantir avec des moyens adéquats. Or, sans moyens, l'égalité de droit se limite à un droit de principe, sans effectivité.

Si des avancées incontestables ont été réalisées au cours des deux derniers siècles, notamment en termes d'éducation et de santé, grâce à des institutions plus démocratiques et la généralisation de services publics gratuits ou accessibles, il en est tout autrement dans le monde des affaires. Le droit d'égalité reste de principe. On ne prête qu'aux riches, comme le dit l'adage. D'ailleurs, alors que la bourgeoisie prône la démocratie pour les peuples, celle-ci n'a nullement cours dans le monde économique. Dans les entreprises, sévit la dictature de la propriété. L'actionnaire décide, le salarié obéit.

Alors que les inégalités ont reculé pendant un siècle dans nos pays occidentaux, elles s'accentuent désormais depuis trois décennies. Tout cela n'a rien de naturel. Les inégalités économiques s'accentuent depuis les années 1990, depuis la chute du bloc soviétique et la fin de la peur du patronat envers le communisme, depuis l'arrivée de la troisième révolution industrielle (celle des communications) et son modèle économique globalisé et dérégulé, très profitable aux plus riches. Les inégalités sont la conséquence de la toute-puissance du « propriétarisme », accentuées désormais par un capitalisme devenu mondialisé et financiarisé. La mobilité des personnes et des capitaux permet en effet aux plus riches d'optimiser leurs placements en réduisant leurs contraintes et obligations. Et ils en profitent. De nombreux économistes et grandes organisations internationales en conviennent. Mais rien ne change car les plus riches sont les maîtres du système capitaliste. Ils en profitent pleinement et sont de moins en moins contraints à des concessions. Seule la peur d'une révolution populaire les ferait reculer.

4

En travaillant dur, chacun peut devenir riche

La doxa libérale aime mettre en avant les qualités personnelles afin de légitimer la fortune : travail, persévérance, talent, implication. Cette affirmation est lourde de sens. Elle culpabilise les moins riches et justifie la fortune de l'élite économique, censée avoir réussi grâce à un travail acharné et une implication sans faille. Mais est-ce vrai ?

Non, tout simplement car le travail, seul, n'apporte jamais la fortune. Le revenu de son travail personnel ne suffira jamais à devenir riche, car il est soumis à de fortes contraintes. Il se calcule en effet en multipliant le temps de travail par un taux horaire. Or le temps est limité par nature (journée de 24 heures, année de 365 jours, 50 ans de vie active au maximum), et la concurrence du vaste marché du travail est vive, mettant sous pression les taux horaires. C'est la raison pour laquelle les écarts de revenu du travail sont limités. Ils oscillent au plus entre 1 fois et 9 fois le Smic en France, loin donc des écarts de fortune observés. Les écarts sont mêmes inférieurs pour une très large majorité de la population active, puisque, 70 % des temps pleins gagnent entre 1 et 2 fois le Smic, 23 % entre 2 et 4 fois le Smic ; seuls 6 %

des actifs gagnent entre 4 et 9 fois le Smic[6]. 1 % de la population dépassent 9 fois le Smic, et, pour l'essentiel, il ne s'agit plus de revenus du travail, mais de revenus du capital. On y trouve principalement les gros actionnaires et propriétaires qui tirent une rente de leurs capitaux bien plus importante que le fruit de leur travail personnel. Si 20 % des foyers français déclarent recevoir des dividendes, 1,7 % des foyers fiscaux concentrent 97 % de ces revenus financiers, et 0,1 % les deux tiers[7]. Il en est de même pour le parc immobilier locatif privé : 3,5 % des ménages détiennent 50 % des logements en location possédés par des particuliers[8].

S'y ajoutent des personnalités atypiques, bénéficiant de notoriété. C'est le cas des célébrités, de certains artistes et sportifs, de dirigeants d'entreprise cooptés et entièrement dévoués à leurs actionnaires. La « réussite » de ces personnalités est d'ailleurs souvent mise en avant par la doxa libérale afin de démontrer que tout citoyen peut « réussir ». Pourtant, ces réussites sont à prendre avec précaution. D'une part, parce que la notoriété est rare par définition. Seule une extrême minorité de la population peut acquérir une notoriété substantielle, suffisante pour faire la différence avec la majorité. Elle ne peut donc servir de justification légitime à une échelle plus « macro », comme celle d'un pays. Les quelques pauvres devenus célèbres et riches ne devraient pas servir de modèles pour tout un pays, puisque, structurellement, leur nombre restera toujours extrêmement limité. D'autre part, le talent et la notoriété ne garantissent

---

6. Insee/Dares, « Emploi, chômage, revenus du travail », juillet 2020, et ses bases de données détaillées.
7. France Stratégie, « Comité d'évaluation des réformes de la fiscalité du capital », octobre 2021.
8. Insee, « France, portrait social », octobre 2021.

pas seuls la fortune, car ils supposent également de devenir
« monétisables ». Comment ? Rien n'est le résultat du hasard.
Cela devient possible lorsqu'une célébrité talentueuse s'intègre
dans un « business », c'est-à-dire dans un secteur où du capital
a été investi de façon importante, générant des rentes élevées et
dont une partie pourra être redistribuée. Mais, ne nous trompons pas, au final, ce sont les propriétaires de ces capitaux qui
en récolteront la plus grande partie. En fait, les riches utilisent,
voire exploitent, les talents comme un investissement marketing, afin de s'enrichir un peu plus. Les chanteurs célèbres font
vivre les entreprises du disque et de la musique. Les footballers,
joueurs de tennis et golfeurs bénéficient de revenus exorbitants
car ces sports génèrent d'énormes revenus pour tous les investisseurs (sponsors, médias, produits dérivés...). Les écrivains
de renom travaillent pour quelques grandes maisons d'édition
qui appartiennent d'ailleurs désormais à quelques milliardaires.
Quant aux dirigeants d'entreprise, ils sont grassement payés car
ils constituent les garants des intérêts des actionnaires, qu'ils
représentent et protègent, et non, en soi, parce qu'ils sont talentueux. À l'inverse, un biologiste ou un sociologue reconnu, un
talentueux joueur d'échecs ou lanceur de javelot, ou encore un
excellent dirigeant d'une grande association caritative ne fera
jamais fortune.

Les riches savent se montrer (un peu) généreux lorsqu'ils
y gagnent. Mais cette générosité relative cache toujours une
exploitation du travail des autres. Les talents travaillent dur pour
obtenir quelques miettes (parfois grosses à leur échelle), tandis
que les investisseurs se partagent la plus grande part du gâteau.
Ainsi, les riches sont tout à fait enclins à mettre sur le devant

de la scène de nouveaux « talents », pour peu qu'ils leur fassent gagner de l'argent, en vendant de la musique ou des livres, en augmentant l'audimat de leurs médias, en remplissant un stade ou une salle qu'ils parrainent. En fait, l'objectif des investisseurs n'est pas la réussite en soi du « talent », mais les bénéfices supplémentaires qu'il générera. Même les vidéastes influenceurs des réseaux sociaux, qui initialement se voulaient indépendants, sont pris par le jeu de la monétisation de leur notoriété. Ils arrivent à gagner beaucoup d'argent lorsqu'ils se transforment en annonceurs pour les grandes marques, participant à enrichir surtout les plus fortunés.

Et si quelques personnes arrivent effectivement à bien vivre de leur notoriété auprès du grand public, en toute indépendance, généralement grâce à un talent réel, elles demeurent extrêmement marginales. Des exceptions, en somme, qui confirment la règle.

5.
Tout le monde peut se constituer un gros patrimoine

Les défenseurs de notre modèle aiment (se) raconter de belles histoires. Avec quelques efforts, chacun pourrait se constituer un gros patrimoine. Il suffirait de travailler dur, d'économiser et d'être un peu malin pour bien valoriser son capital. Ce discours est facile lorsqu'on est « bien né », avec une fortune héritée, des proches pleins aux as… Qu'en est-il pour les autres ? Selon les travaux de l'économiste Thomas Piketty[9], la part de l'héritage serait actuellement à l'origine de 75 % du patrimoine détenu, un poids en hausse continue, depuis les années 1970 (44 % à l'époque). Ce niveau est devenu énorme ! Il signifie que seulement un quart du patrimoine se bâtit par l'épargne réalisée au cours de sa vie. D'ailleurs, selon le classement 2021 des fortunes de *Forbes*, 80 % des milliardaires français sont des héritiers, une part écrasante donc, comme c'est généralement le cas dans les pays d'Europe de l'Ouest. La mérito-cratie en marche ou en berne ?

En y réfléchissant, cela n'a rien d'étonnant. En effet, les foyers français épargnent globalement 15 % de leur revenu

---

9. Thomas Piketty, *Le Capital au XXIe siècle*, Seuil, 2013.

disponible, soit 3 500 € par an et par adulte en moyenne, dont un tiers en placements financiers et deux tiers en immobilier. La fortune semble lointaine avec de si petits montants. Certes, ce taux moyen de 15 % d'épargne cache de gros écarts au sein de la population française[10]. Le taux d'épargne dépend d'ailleurs bien moins de son comportement de consommation (cigale ou fourmi) que de son niveau de revenu. La moitié la plus modeste des ménages n'arrive globalement pas à épargner, ou très peu, car elle ne dispose pas de revenus suffisants pour concilier consommation de base et épargne. Seuls les 20 % de la population la plus aisée épargnent de façon significative : 30 % de leur revenu disponible, soit, en moyenne, 13 000 € annuels par adulte. Cependant, même pour la très grande majorité d'entre eux, ces montants restent insuffisants pour entrer un jour dans la classe des riches.

C'est bien la propriété du capital qui permet la fortune. Celle-ci se nourrit d'elle-même. Les successions et donations représentent actuellement 20 % du revenu disponible net des ménages, contre 8 % en 1980 ; cette part devrait encore progresser à l'avenir, pour atteindre 25 % à 30 % d'ici trente ans[11]. Cette hausse s'explique parce que le patrimoine augmente bien plus vite que les revenus. En effet, depuis 1980, le revenu disponible des ménages français a augmenté de 86 % alors que le patrimoine a lui été multiplié par quatre ! Le problème inhérent à cette réalité est que la répartition des patrimoines est extrêmement inégale, tout comme celle des héritages, bien plus que celle

---

10. Insee, « Plus d'épargne chez les plus aisés, plus de dépenses contraintes chez les plus modestes », septembre 2020.
11. France Stratégie, « Peut-on éviter une société d'héritiers ? », janvier 2017.

des revenus. Ainsi, un tiers de la population française n'hérite de rien, un autre tiers de très peu ; en revanche, 10 % des héritiers captent plus de la moitié de l'héritage national, dont le premier centile près du quart du total. Et comme la croissance économique dans les pays occidentaux est faible et que, à l'inverse, le stock de capital préexistant est énorme, il devient très difficile de se faire une place dans le monde économique actuel, contrairement aux périodes qui ont suivi les deux guerres mondiales, où la croissance économique était forte et le stock de capital préexistant faible. Ne reste-t-il plus que le mariage comme seule opportunité de devenir riche, comme au XIXe siècle ?

Les riches familles bénéficient à la fois d'héritages et des rentes de leur capital. Plus encore, elles profitent de la revalorisation continue de leur capital dans un monde où les liquidités sont devenues énormes. Contrairement aux discours patronaux valorisant le talent des dirigeants, cette revalorisation provient en réalité le plus souvent des seules conditions de marché. Nous pouvons citer en exemple les propriétaires immobiliers qui ont bénéficié d'une hausse de la valeur de leurs biens, sans aucune intervention particulière de leur part. Si cette hausse profite à tous les propriétaires immobiliers, ce sont les propriétaires de commerces et de logements locatifs qui en tirent le plus grand bénéfice, au détriment des locataires, particuliers comme commerçants, dont les loyers explosent. Autre phénomène, lors de la crise sanitaire du Covid-19, les marchés du luxe, du commerce en ligne, des applications Internet et de la santé se portent à merveille, faisant gagner des milliards de dollars à leurs heureux propriétaires ; soutenus par de généreuses aides publiques et des déferlements de liquidités des banques centrales lors des temps difficiles. C'est ainsi que la fortune des milliardaires de la planète a augmenté de 45 % sur les deux seules années 2020-2021 selon les données de Forbes, sans action spécifique de leur part. Les milliardaires français ne sont pas en reste, avec un quintuplement de leur fortune en dix ans, dépassant les Allemands et les Anglais. Pendant ce temps, en pleine pandémie, les « premiers de corvée » sont sur le pont, sans augmentation de salaires, tandis que des millions de personnes sombrent dans la pauvreté sur notre planète. Tout va bien ?

Ainsi, lorsque l'économie se porte bien, les profits augmentent, faisant grimper la valeur des entreprises. Lorsqu'une crise économique apparaît, les États soutiennent les entreprises et les banques centrales déversent des milliards de liquidités, faisant mécaniquement grimper la valeur des actifs. Ainsi, les possédants en profitent toujours. Nous sommes bien loin de la récompense du travail et de la petite épargne.

6.
Les riches consomment et investissent

Les riches consomment, bien sûr. En comparaison d'un smicard, ils consomment même beaucoup plus. Cependant, en proportion de leurs revenus, les riches consomment peu en réalité puisque la propension à épargner croît avec le niveau des revenus. Ainsi, alors que la moitié la plus modeste des Français consomme la quasi-totalité de ses revenus, les riches en consommeraient à peine le tiers. Si leurs dépenses peuvent sembler parfois extravagantes par leur luxe, et généreuses car ils ne comptent pas, détrompez-vous. En moyenne, ils dépensent peu comparativement à leurs moyens. Bien entendu, les riches restent des clients courtisés, puisqu'ils disposent de moyens conséquents, voire parfois astronomiques. Ils peuvent donc se permettre des dépenses somptuaires : villa, yacht, jet, vacances de rêve, domestiques à domicile, services personnalisés, et même tourisme spatial. Un luxe d'ailleurs effrayant en termes d'écologie, mais sûrement le « valent-ils bien » ! À un niveau microéconomique, les riches représentent toujours des clients de choix, puisque rien n'est jamais trop cher pour eux. Néanmoins, la réalité macroéconomique est moins reluisante, avec finalement une part réduite de leurs revenus consacrée à la consommation. Afin de relancer l'économie, il vaut donc mieux augmenter les revenus des ménages modestes qui en dépenseront la quasi-totalité, créant de la demande supplémentaire, donc de la croissance économique et des emplois, plutôt que d'enrichir un peu plus les grandes fortunes qui dépenseront très peu de ce surplus de revenus.

Alors, me direz-vous, à défaut de consommer, les riches investissent ! C'est effectivement ce que nous avons pu observer dans le modèle capitaliste industriel qui s'est développé de 1750 à 1975. Dans une économie relativement fermée, les plus riches prêtaient et investissaient dans leur pays d'origine, et les entreprises embauchaient localement. La part de richesse captée ainsi par les propriétaires de capital nourrissait l'économie « réelle » par leurs investissements. Un ruissellement s'opérait, même si cela n'empêchait pas des inégalités sociales extrêmes, puisque la bourgeoisie s'est toujours montrée très réticente à partager. Leurs profits étaient réinvestis mais peu redistribués dans les salaires. Ce sont les luttes sociales qui ont conduit à davantage de redistribution. Elles s'avéraient efficaces dans une économie localisée, avec des patrons qui vivaient près de leur entreprise et de leurs salariés.

Mais notre capitalisme industriel national s'est depuis mué en un capitalisme globalisé et financiarisé. Les investissements ont été délocalisés vers les pays à faibles coûts, en Europe de l'Est et en Asie. 600 milliards d'euros ont ainsi quitté la France pour des investissements à l'étranger ces dernières décennies[12].

---

12. Solde net des IDE (investissements directs à l'étranger) sortants et entrants, selon les données de la Conférence des Nations unies sur le commerce et le développement (CNUCED), *Rapport sur l'investissement dans le monde*, 1990 à 2020.

Cette somme n'est pas négligeable puisqu'elle représente 20 % de la valeur nette du patrimoine de l'ensemble des entreprises françaises. La tendance est identique dans l'ensemble des pays occidentaux : au total 3 500 milliards d'investissements nets ont été délocalisés vers les pays émergents. Autant d'argent non utilisé pour créer des emplois dans nos pays. Et ceci n'est que la partie émergée de l'iceberg. Des sommes bien plus colossales ont quitté l'économie « réelle » pour rejoindre la sphère financière, devenue insatiable. En vingt ans, 90 000 milliards de dollars ont été placés sur les marchés dérivés mondiaux, dont 98 % ne sont que spéculation, soit autant que le total investi dans les bourses mondiales depuis leur création, totalisant 20 % du patrimoine économique mondial net de dettes. Les « banques de l'ombre » (*shadow banking*), celles qui ne sont pas réglementées, profitent de cette financiarisation de l'économie, dont les fonds, créés dans les années 1980, sont passés de 25 000 milliards de dollars en 2002 à 141 800 milliards en 2020[13]. L'argent coule à flots, mais, hélas, plus chez nous.

Ainsi, les rentes désormais captées par les propriétaires de capitaux ne sont plus réinvesties dans les pays occidentaux. Elles vont pour une petite partie à l'étranger et pour beaucoup dans la sphère financière… pour ne plus revenir. Les plus riches déplacent progressivement leur fortune vers des horizons qui leur rapportent davantage, les pays émergents et la finance. Leurs intérêts s'opposent à ceux de nos pays occidentaux. Ils font fi de tous leurs devoirs, en toute impunité ! Cela explique pourquoi de nombreuses caisses se vident, celles des populations des

---

13. Selon les données OFIs (*other financial intermediaries*) du Financial Stability Board, *Global Monitoring Report on Non-Bank Financial Intermediation*, décembre 2021.

classes populaire et moyenne des pays occidentaux et celles des États, tandis que celles de la finance et des riches se remplissent, encore et encore. Le monde croule sous l'argent et la majorité n'en profite plus. Nous ne sommes pas en crise économique, c'est notre modèle qui est en crise.

7.
Les patrons créent des emplois

Le patronat légitime bien souvent sa position dominante par le rôle qu'il jouerait en tant que créateur d'emplois. Nous lui serions en quelque sorte redevables car les patrons créent des emplois. C'est intéressant, mais est-ce vrai ? Regardons de plus près ce qui s'est passé au cours de ces 70 dernières années. Selon l'Insee[14], la France comptait 19,5 millions d'emploi en 1949, totalisant 43,25 milliards d'heures de travail. Qu'en est-il aujourd'hui ? La France compte 27 millions d'emplois. Nous avons donc effectivement une création nette de 7,5 millions d'emplois. Nous pourrions donc nous en féliciter ; sauf que ces créations d'emplois ne se sont pas concrétisées par des créations d'heures de travail. En effet, nos 27 millions d'emplois ne totalisent que 42,80 milliards d'heures de travail, soit 450 millions d'heures de travail de moins qu'en 1949. Le patronat n'a donc créé aucune heure de travail en soixante-dix ans, et cela malgré toutes les aides de l'État obtenues afin de réduire les charges et le coût du travail.

---

14. Selon les séries longues chronologiques de l'Insee couvrant 1949-2020 : PIB, heures travaillées, emplois et population active.

Cela s'explique-t-il par un manque de croissance, comme nous l'entendons parfois ? Eh bien non. La croissance économique a même été prodigieuse sur la période : une multiplication par 8,5 en euros constants ! Notre production intérieure brute (PIB) annuel a augmenté de 750 % en soixante-dix ans... pour aucune heure de travail créée.

Les créations d'emplois viennent uniquement de la baisse du temps de travail. Nous sommes en effet passés de 45 heures hebdomadaires de travail effectif en 1949 pour les salariés à temps plein, avec 2 semaines de congés payés par an, à 36 heures hebdomadaires effectives (41 heures pour les forfaits jours) et 5 semaines de congés payés actuellement[15]. Sans baisse du temps de travail, tant décriée par le patronat, la France aurait donc perdu 300 000 emplois durant cette période, au lieu d'en créer 7,5 millions. Nous serions alors face à un problème de taille puisque la population active française a progressé dans le même temps de 10 millions de personnes. Le pays compterait alors 11 millions de chômeurs de catégorie A (sans emploi), soit un taux de chômage de 37 %, un niveau totalement insoutenable !

Comment avons-nous pu générer autant de richesse sur cette période sans créer une seule heure de travail ? Tout simplement grâce aux gains de productivité. Alors que la production nationale a été multipliée par 8,5, la productivité horaire a été multipliée par 8,6. Celle-ci est passée, en euros constants, de 6,25 € en 1949 à 53,40 € actuellement, un niveau parmi les plus élevés au monde.

---

15. Le nombre de temps partiels a dans le même temps bondi mais ce recul du temps de travail a été compensé par un nombre d'indépendants non salariés en baisse, alors que ceux-ci travaillaient davantage. L'essor récent de l'autoentreprenariat modifie légèrement cet équilibre : le nombre d'indépendants progresse à nouveau, mais avec un temps de travail plus faible.

Pourquoi les riches posent problème

Ainsi, la croissance économique, pourtant spectaculaire sur la période, n'a été réalisée que par des gains de productivité, et aucunement par un volume supplémentaire de travail. Cela n'a rien d'étonnant lorsque l'on connaît le monde de l'entreprise. L'objectif des dirigeants n'a jamais été de créer des emplois, mais bien de maximiser leurs profits. Parfois, effectivement, ils embauchent sur le court terme pour faire face à une hausse des commandes. Mais à plus long terme, les directions optimisent, rationalisent, mécanisent, automatisent... afin de réduire les coûts, notamment de personnel. Lorsque le patronat annonce des créations d'emplois, elles font généralement suite à des départs (retraites, démissions, licenciements). L'embauche est toujours un choix par défaut pour le patronat. Il y consent lorsque qu'il ne peut y répondre autrement. Et ne nous trompons pas, toute baisse du coût du travail ne changera pas cette logique d'optimisation des coûts, dont celle du travail. Lorsque le patronat évoque la nécessité de la compétitivité, on peut affirmer qu'il y parvient, sans créer d'emplois !

Cette réalité est donc très loin des discours larmoyants du patronat sur nos problèmes de compétitivité et sur son autosatisfaction quant à son rôle de créateur d'emplois. Ses critiques incessantes sur le coût du travail semblent donc fallacieuses lorsque l'on observe l'importance des gains de productivité sur ces 7 dernières décennies. Serait-ce pour éviter la vraie question de la répartition des gains de productivité, entre salariés et actionnaires ? Un sujet vraisemblablement à éviter puisque le poids des salaires diminue au profit des dividendes. En effet, selon l'Insee, les salaires représentent 64 % de la valeur ajoutée en France, contre 70 % dans les années 1950-60, tandis que le poids des dividendes a doublé dans le même temps, passant de 6 % de la valeur ajoutée dans les années 1950-60 à 12 % aujourd'hui[16]. Cette évolution n'est pas anodine. Elle représente un transfert de richesse de 115 milliards d'euros chaque année, un montant qui correspond à une augmentation de salaire de 400 € par mois pour tous les salariés, toutes charges comprises, ou encore à la création de 3,5 millions d'emplois à temps pleins à 1 500 € nets mensuels.

Nos soi-disant problèmes de compétitivité et de coût du travail ne sont que des subterfuges pour accroître les profits et les dividendes des actionnaires. Cette stratégie conduit à une modération salariale et à la faiblesse des embauches. La crise si souvent évoquée est en réalité une stratégie actionnariale rondement menée, qui profite aux actionnaires au détriment des salariés et des retraités.

---

16. Selon les données de partage de la valeur ajoutée de l'Insee, hors revenus mixtes des entreprises individuelles ; et l'analyse Insee, « Le partage de la valeur ajoutée en France, 1949-2007 », 2009. Notons que la part consacrée aux investissements et aux réserves financières est restée globalement stable sur la période, autour de 24 %.

8.
Les riches sont des entrepreneurs talentueux et méritants

L'entrepreneur représente la référence par excellence de la doxa libérale, avec pour symbole le petit gars dans son garage qui transforme le monde et fait fortune. Est-ce une réalité ou un mythe ?

Prenons l'exemple de l'auto-entreprenariat en France. Ce statut créé en 2008 avait pour but de favoriser l'émergence de talents et de « libérer le travail ». Fin 2020, soit douze ans plus tard, la France compte 1,9 million de micro-entrepreneurs[17], regroupant 6 % de la population active et la moitié des emplois non-salariés du pays. Le résultat semble donc honorable, mais cache en réalité l'essor d'un marché de travailleurs pauvres, avec des difficultés à s'insérer dans l'emploi classique. 40 % d'entre eux ne réussissent pas à générer du chiffre d'affaires de leur activité, et pour les 60 % qui y parviennent, leur revenu net ne dépasse pas 470 € par mois en moyenne. La moitié gagne même moins de 290 € mensuels. Seuls 10 % réussissent à dépasser le Smic[18]. Nous sommes bien loin du monde des riches, trop souvent

---

17. Selon l'Urssaf, « Stat'ur conjoncture : les auto-entrepreneurs fin 2020 », juillet 2021.
18. Insee, « Les revenus d'activité des non-salariés en 2015 », février 2018.

appelés « entrepreneurs ». Il s'agit plutôt d'une quête de survie. Les quelques réussites, tant mises en avant par la doxa libérale, cachent une réalité moins reluisante. Les entrepreneurs, pour leur très grande majorité, ne sont pas riches.

Prenons maintenant l'exemple de Bill Gates, le fondateur de Microsoft, et de Mark Zuckerberg, le créateur de Facebook, souvent cités en référence du petit jeune qui a réussi. Sont-ils des étudiants lambda ? Lorsqu'ils se font connaître, ils sont tous deux à Harvard, c'est-à-dire l'université la plus chère du monde, la plus prestigieuse aussi, où les enfants de riches sont légion et les réseaux d'affaires omniprésents. Ces deux étudiants n'ont en fait pas réussi seuls, dans leur garage. Ils ont bénéficié d'un environnement extrêmement favorable, avec des appuis financiers et commerciaux hors normes. Qu'en aurait-il été si ces étudiants venaient d'une université moins favorisée ? Assurément, rien ou presque. Oser évoquer l'image d'un garage pour des étudiants d'Harvard est affligeant.

En fait, bien plus que le talent individuel, les réseaux constituent les grands déterminants de la réussite. Les plus riches sont toujours très bien lotis en la matière, car l'argent attire l'argent et ceux qui en ont. Dès que se présentent des opportunités pour s'enrichir, les réseaux s'activent afin de faire fructifier leurs affaires. Les riches savent ouvrir la porte à de nouveaux venus lorsque cela leur profite. Mais ne soyons pas dupes. Les portes restent souvent closes, ou à peine entrouvertes. Les dynasties familiales font généralement la loi. Les enfants des plus riches entrent un à un comme dirigeants de l'empire industriel et financier et de leur père et grand-père. On l'a vu avec les familles Bettencourt, Dumas, Wertheimer, Dassault, Bouygues,

Louis-Dreyfus ou Lacoste. Le mouvement se poursuit, avec plus récemment les familles Arnault, Mulliez, Pinault, Bolloré, Decaux, Michelin, Lagardère, ou encore Ricard. Est-ce un signe que le talent se transmet de génération en génération, ou plutôt que les riches ont toute latitude pour favoriser leur progéniture ? Quelle place est laissée aux enfants de la classe populaire ou moyenne, hors les beaux discours sur l'égalité des chances et la méritocratie ?

Si les classes populaire et moyenne peuvent légitimement aspirer à intégrer la classe aisée, celle des riches reste peu accessible car les places sont prises pour l'essentiel, avec des moyens déjà engagés énormes. Comment réussir aujourd'hui sans argent ou peu ? Nous ne sommes plus dans l'après-guerre des années 1920 ou 1950, où les opportunités étaient nombreuses dans un contexte de forte croissance économique et de faibles capitaux investis. Le stock de capital engagé est passé de 3 fois les revenus du pays, à ces époques, à 7 fois de nos jours. Pas facile de se faire une place lorsque les héritiers occupent déjà toute la place. Pour les plus motivés, il ne reste donc plus que l'expatriation dans les pays émergents, où la croissance est plus forte et les capitaux engagés plus faibles.

Dans les pays occidentaux, l'élite économique est omniprésente. Cette reproduction digne des monarchies s'observe même chez les artistes, où le besoin en capital est moindre, mais où les réseaux sont essentiels. Les enfants d'acteurs, de chanteurs, de producteurs phagocytent les rares places disponibles qui permettent de vivre honorablement. Il ne reste plus que le sport pour donner une chance aux jeunes défavorisés car, dans ce domaine, aucun réseau ne peut se substituer au talent personnel, réel.

La réussite du petit entrepreneur talentueux est un mythe qui vise à légitimer la fortune des nantis, qui repose principalement sur l'héritage et un entre-soi lucratif. La réalité est que les riches ne sont pas des entrepreneurs pour leur grande majorité, mais des héritiers et des rentiers ; que 99 % des héritiers resteront riches quel que soit leur talent ; que 99,99 % des pauvres ne seront jamais riches, quel que soit leur talent.

9.
Les riches prennent des risques et innovent

L'économie de marché a l'avantage de favoriser la liberté d'entreprendre et incite à la motivation et à l'initiative personnelle, sources d'innovations et de croissance économique. Chacun pourra en profiter si les marchés restent suffisamment ouverts pour de nouveaux venus. Or, et c'est toute la contradiction des libéraux, on nous vante les mérites de la dérégulation afin de libérer les marchés. Pourtant ces dérégulations ne conduisent généralement qu'à favoriser des oligopoles, c'est-à-dire quelques grandes entreprises déjà présentes, qui ont conquis une place dominante sur leur marché. Aujourd'hui, 300 multinationales regroupent 30 % de l'emploi salarié privé en France, et autant d'emplois chez leurs fournisseurs[19]. 60 % des emplois salariés du privé sont donc directement liés à leurs activités et à leurs décisions. C'est dire si ces 300 grandes entreprises dominent l'économie nationale et influencent toute la société, d'autant que de nombreuses petites entreprises vivent de la consommation de ces 60 % de salariés. Or, ces grandes entreprises sont détenues

---

19. Selon les données de l'Observatoire des multinationales.

de façon significative par les plus riches. Leur pouvoir est immense.

Certes, certaines fortunes apparaissent lors de l'émergence de nouveaux marchés, comme, récemment, avec Internet ou les biotechnologies. Quelques personnes parviennent à développer leur entreprise et à s'enrichir. Mais il s'agit généralement d'exceptions. La France compte en effet 2,5 millions de très petites entreprises, 1,9 millions d'autoentrepreneurs, 150 000 petites et moyennes entreprises (PME), 5 700 entreprises de taille intermédiaire (ETI), 300 grandes entreprises dans son secteur privé, et 1 750 entreprises publiques[20]. Combien deviendront riches en créant leur entreprise dans ce magma d'entreprises ? En fait, les réussites sont très rares car elles nécessitent de détenir un avantage concurrentiel déterminant, soit un brevet clé ou une spécificité hors norme, très difficile à obtenir et à valoriser. Les exemples souvent cités sont les GAFAM (Google, Apple, Facebook, Amazon, Microsoft). Or ces entreprises sont atypiques car elles occupent une place archi dominante sur leur marché. Dans l'informatique et Internet, les effets de réseaux jouent en effet à plein, ce qui a permis de rendre captifs les clients, avec une concentration de l'offre... qui pose d'ailleurs le problème de la libre concurrence.

Le système en place ne favorise pas l'apparition de nouvelles entreprises, à l'exception des secteurs émergents. En réalité, les entreprises dominantes en place n'ont aucun intérêt à prendre des risques *via* les innovations dites « de rupture ». Or, ce sont ces innovations de rupture qui font naître

---

20. Insee, « Les entreprises en France », décembre 2020.

de nouveaux produits et marchés et que l'on retrouve à travers la célèbre notion de « destruction créatrice » de l'économiste Joseph Schumpeter. Les grandes entreprises se contentent d'innovations « de continuité » afin d'améliorer leurs produits, sans pour autant déstabiliser leur marché. Cette réalité se retrouve partout. Internet n'a pas été créé par les géants de l'informatique. La photo numérique ne vient pas des grandes entreprises de la photo argentique. Le snowboard n'est pas né des fabricants de skis. Le smartphone a vu le jour chez Apple parce que l'entreprise connaissait à ce moment-là de grandes difficultés sur son marché informatique. En fait, l'innovation de rupture vient quasiment toujours de jeunes créateurs de startup ou de spin-off, qui essayent d'entrer sur un marché et de s'y faire une place, ou parfois d'entreprises en difficulté qui jouent leur va-tout pour survivre. Les grandes entreprises dominantes, elles, adoptent des comportements de rentiers. Leur objectif principal est de conserver leurs acquis en protégeant leurs propres intérêts. En revanche, elles suivront de près les avancées technologiques des startups afin de les racheter si besoin, ou, à défaut, de se s'y associer. Quant aux fonds d'investissement, leur rôle reste marginal lors des lancements de startups. Les fonds dédiés à l'innovation ou au capital-risque restent marginaux. Les startups éprouvent beaucoup de difficulté à trouver des financements au démarrage. Elles doivent d'abord faire leurs preuves. C'est seulement une fois le travail d'innovation avancé, et s'il s'avère prometteur, que les investisseurs arrivent en force.

Ainsi, les riches (investisseurs et grandes entreprises) laissent les « petits » innover. Nombre d'entre eux échoueront, perdant souvent tout, leur temps, leur argent et leurs investissements. Et pour la minorité qui réussira à innover, elle devra accepter des investisseurs extérieurs pour se développer ou être rachetée. C'est le cas de toutes les biotechs de la santé et des startups de l'Internet. Certes, les fondateurs et propriétaires chanceux de ces petites entreprises deviendront très riches, mais les innovations seront ensuite accaparées par des multinationales et des fonds d'investissements, et pas toujours pour le plus grand bénéfice du consommateur, car si leurs impacts sur leurs affaires se révèlent néfastes, l'innovation sera détournée, contournée, voire réduite au silence. Dans tous les cas, seule une extrême minorité s'enrichira, celle des propriétaires de capital. Les nombreux chercheurs et inventeurs qui auront participé à l'aventure ne bénéficieront que de miettes. Les consommateurs ne profiteront pas toujours des meilleures innovations, et dans le meilleur des cas, ils payeront le prix fort de ces innovations rachetées à prix d'or.

C'est le triste monde du capitalisme financier qui n'est ni optimal, ni juste dans la récompense, privilégiant les seuls propriétaires en leur procurant une rente de situation astronomique. Les personnes comme Bill Gates sont érigées en héros, en faisant fi de toutes les conditions favorables dont elles ont pu bénéficier, de tous ceux qui y ont participé sans pour autant obtenir de récompense à la hauteur, et du facteur chance qui joue souvent un rôle déterminant. Ce processus de captation est injuste et pourtant généralement admis, ou du moins accepté, à tort.

10.
Plus il y a de riches et moins il y a de pauvres

En faisant la promotion de l'essor d'une classe de riches, on voudrait souvent nous faire croire que c'est autant de pauvres en moins. Or, le lien entre les deux apparaît pourtant peu pertinent. En vingt ans, le pouvoir d'achat des Français a augmenté de 20 % en moyenne, tandis que la valeur du patrimoine a triplé sur la période[21]. Pourtant, dans le même temps, la France compte davantage de pauvres (moins de 50 % du revenu médian) : 5,6 millions en 2019, contre 4 millions au début des années 2000. La crainte de tomber dans la pauvreté s'accentue : 11 % des Français se considèrent comme pauvres et 25 % craignent de le devenir dans les prochaines années[22]. Le patrimoine des 20 % de Français les plus pauvres a diminué en vingt ans, alors que la fortune des 500 plus riches Français a été multipliée par 10, passant de 100 milliards d'euros à près de 1 000 milliards d'euros. Quant aux États-Unis, qui regroupent 40 % des millionnaires et milliardaires de la planète, ils comptent un taux très élevé de

---

21. Selon les séries longues chronologiques de l'Insee du revenu disponible et du patrimoine des ménages.
22. Centre de recherche pour l'étude et l'observation des conditions de vie (Crédoc), « Améliorer la connaissance et le suivi de la pauvreté et de l'exclusion sociale », novembre 2021.

pauvres (18 %), deux fois supérieur à celui constaté en Europe. Ainsi, selon les Rapports sur le développement humain des Nations unies, les inégalités croissent depuis les années 1980. 27 % de la croissance mondiale des revenus des 35 dernières années a bénéficié uniquement aux 1 % les plus riches, contre seulement 12 % aux 50 % les plus pauvres. Dans tous les pays, la part des revenus de la moitié de la population la plus pauvre diminue depuis les années 1980, tandis que celle des 10 % les plus riches, notamment des 1 % les plus riches, progresse de façon continue. La moitié de la hausse de richesse patrimoniale mondiale de ces vingt dernières années a concerné les 1 % les plus riches, tandis la moitié de la population la plus pauvre n'a pas vu son patrimoine augmenter.

Comment expliquer cette dichotomie ? Tout d'abord, un riche de plus ne conduit généralement pas à un pauvre de moins. La corrélation entre riches et pauvres est rarement directe car il existe des niveaux intermédiaires entre les deux. Un pauvre qui s'enrichit rejoint d'abord la classe moyenne, puis éventuellement la classe aisée avant d'accéder peut-être, en fait très rarement, à la classe des riches. L'enrichissement est un processus par étapes. Un nouveau riche ne vient donc pas réduire le nombre de pauvres. Les fondateurs de startups et de spin-off sont généralement d'ailleurs souvent des cadres supérieurs ou de jeunes diplômés (bac + 5 ou + 8) et des enfants de familles aisées voire privilégiées, rarement des autoentrepreneurs issus de familles pauvres ou des non-diplômés.

Au-delà de cette vision « micro », il reste une question majeure à une échelle plus « macro ». Est-ce que la richesse de la classe dominante fait la richesse d'une nation ? Ruisselle-t-elle vers les pauvres ? La réponse diverge en fait selon les situations. Si les plus riches réinvestissent leurs rentes (loyers, intérêts, dividendes) au sein de la nation, en investissant, en embauchant, en augmentant les salaires et en payant des impôts, alors ils participent à l'enrichissement collectif. Un ruissellement s'opère. Ce phénomène vient réduire mécaniquement la pauvreté. En revanche, lorsque les rentes captées partent dans la sphère financière spéculative, dans les paradis fiscaux ou à l'étranger, le pays dans son ensemble s'appauvrit car l'économie « réelle » de la nation est ponctionnée de rentes sans être réalimentée par ces mêmes rentes. Les rentes du capital sans réinvestissements viennent alors accentuer la pauvreté et les inégalités, comme c'est le cas depuis trente ans dans les pays occidentaux, expliquant un sentiment d'appauvrissement des classes populaire et moyenne.

À l'inverse, la richesse d'une nation bénéficie toujours à la classe dominante, grâce aux rentes supplémentaires qu'elle retire de ses capitaux accumulés au fil des décennies à tous les niveaux de la société (immobilier, placements, entreprises). Les riches profitent de la croissance économique du pays à travers la hausse mécanique des loyers, des intérêts et des dividendes. Lors des crises économiques, si l'interventionnisme public permet d'aider les plus pauvres, il favorise également les plus riches, notamment grâce aux liquidités des banques centrales qui conduisent à une poussée de la valeur des patrimoines existants, comme en 2009 (crise des *subprimes*) ou en 2020 (crise sanitaire).

Ainsi, non seulement la progression du nombre des multi-millionnaires et milliardaires que nous observons actuellement ne signifie nullement la diminution du nombre de pauvres, mais elle induit même une augmentation de la pauvreté, puisque les rentes ne sont plus réinvesties dans l'économie. Le processus s'accentue du fait de la hausse de la valeur des patrimoines, bien supérieure à celle des revenus, qui empêchent tous ceux qui n'ont pas de capital de s'en constituer un. Les prix de l'immobilier, ceux des habitations comme des murs commerciaux, explosent, réduisant un peu plus l'accès de la classe populaire et de la classe moyenne à la propriété, voire tout simplement au financement d'un loyer pour se loger ou du lancement d'une petite affaire.

Afin de réduire le nombre de pauvres, seul l'essor et la prospérité des classes moyenne et aisée se révèlent pertinents. L'enjeu du développement économique d'un pays ne se situe pas dans la taille et la richesse de sa classe de riches, mais dans celles de sa classe moyenne et de sa classe aisée, car ce sont elles qui permettent le décollage économique, grâce à une inclusion sociale (éducation, santé) et économique (demande intérieure) de la population. C'est ce qu'ont connu nos pays développés au cours des XIXe et XXe siècles et c'est ce que l'on peut observer dans les pays émergents qui connaissent un boom économique, comme la Chine.

Il n'y a donc rien d'étonnant à ce que la fortune des riches explose, tandis que la pauvreté s'accroît dans les pays occidentaux. Ce n'est pas une fatalité. C'est le résultat d'un mécanisme ravageur, lorsque les rentes ne sont plus réinvesties dans l'économie « réelle » et que les liquidités abondent.

11.
Les riches payent beaucoup d'impôts

Les riches payent évidemment plus d'impôts que la classe moyenne. Cependant, qu'en est-il en proportion de leurs revenus ? Participent-ils aux finances publiques à la hauteur de leurs moyens, à travers leurs impôts et leurs cotisations sociales ? En gagnant 10 fois plus que les Français « moyens », les riches payent-ils, *a minima*, 10 fois plus que la moyenne ? La réponse est non, et ce pour plusieurs raisons.

Tout d'abord, les impôts dits progressifs, ceux dont le taux d'imposition augmente avec les revenus ou le patrimoine, restent mineurs en France. L'impôt sur le revenu ne représente, par exemple, que 7,5 % des prélèvements publics du pays. Et la progressivité de cet impôt s'est peu à peu réduite. Lors de la création de l'impôt sur le revenu en 1914, les 1 % les plus riches en payaient 99 %, contre 30 % actuellement. Quant à l'impôt de solidarité sur la fortune (ISF), celui-ci ne représentait que 0,5 % des prélèvements nationaux en 2017, un niveau réduit à 0,2 % depuis la réforme d'Emmanuel Macron transformant l'ISF en impôt sur la fortune immobilière (IFI). Reste ensuite l'impôt progressif sur les successions, qui ne totalise que 1,3 % des prélèvements publics. Globalement, 91 % des prélèvements publics sont en fait proportionnels, soit aux revenus comme les cotisations sociales et la CSG-CRDS (50 % des prélèvements) et les impôts des entreprises (11 %), soit aux dépenses, comme la TVA (16 %), les taxes sur les produits pétroliers, les assurances, l'électricité, les cigarettes et l'alcool (7 %)[23].

Ensuite, il existe de nombreuses niches fiscales permettant de réduire sensiblement ses impôts, notamment lorsqu'on dispose de moyens importants. Les 471 niches fiscales existantes en France totaliseraient 91 milliards d'euros[24]. C'est autant de réductions d'impôt dont profitent largement les plus riches. Par ailleurs, les prélèvements sur le revenu du capital sont inférieurs à ceux sur le revenu du travail. L'argument souvent avancé est d'éviter une double taxation, d'abord sur le travail puis sur les produits de l'épargne issue du travail. Si ce principe vaut pour les petits épargnants qui travaillent, il ne devrait logiquement pas s'appliquer aux rentiers qui vivent de leur capital et non de leur travail (ou seulement de façon marginale). En effet, le revenu du capital n'est pas soumis à cotisations sociales, hors CSG-CRDS. Certes, les revenus du capital ne délivrent pas de droits sociaux à leurs propriétaires, mais, de fait, leur capital assure un droit de rente *ad vitam æternam*. De plus, le taux d'imposition sur le revenu du capital est désormais plafonné à 30 % des revenus depuis la mise en place de la *flat tax*, en 2017, par Emmanuel Macron. Enfin, les montages financiers pour « optimiser » ses impôts se multiplient pour les plus fortunés et les grandes entreprises. La mondialisation et les paradis fiscaux ouvrent de

---

23. Insee, « Dépenses et recettes des administrations publiques en 2018 », mars 2020.
24. Selon l'annexe au projet de loi de finances pour 2022, « Évaluation des voies et moyens ».

nombreuses opportunités pour les individus et entreprises qui ont de l'argent, dont certaines jouent purement et simplement avec la légalité.

Finalement, notre modèle fiscal se révèle peu progressif. L'impôt sur le revenu ne représente en moyenne que 18 % des revenus fiscaux (revenus nets) des plus riches, un niveau guère supérieur à celui d'un cadre moyen. Et cette part est vraisemblablement moindre si on y inclut les revenus non déclarés. Ainsi, l'impôt sur le revenu a vu son poids se réduire presque continuellement depuis trente ans selon le Conseil des prélèvements obligatoires[25]. Arrêtons donc de décrier le volume excessif des impôts en France, du moins pour les riches, en rappelant que le taux d'impôt marginal sur le revenu atteignait 80 % aux États-Unis à partir de 1934, lors de la grande dépression, puis 91 % pendant la Seconde Guerre mondiale. Selon les Nations unies, la France est devenue l'un des pays les moins redistributifs d'Europe[26].

Ainsi, les riches français financent assez peu les caisses publiques par leurs impôts et cotisations sociales. Alors que le taux des prélèvements publics sur les classes moyenne et aisée se situe autour de 50 % de leurs revenus totaux (bruts chargés), il descend en dessous de 40 % pour les plus riches. Le taux des prélèvements publics sur les plus riches s'avère même inférieur à celui de la classe populaire qui pourtant ne paye pas d'impôt sur le revenu. Ces derniers participent en effet à hauteur de

---

25. « Prélèvements obligatoires sur les ménages : progressivité et effets redistributifs », mai 2011.
26. Programme des Nations unies pour le développement (PNUD), *Rapport sur le développement humain 2019 – point 7.3, Différences d'effet redistributif des impôts et transferts directs en Europe*.

40 % au financement public *via* leurs cotisations sociales et les multiples taxes qu'ils payent (TVA, carburant, énergie, tabac, alcool...). En proportion, les pauvres participent donc davantage au financement public et collectif que les riches. Comment est-ce possible ? Tout simplement parce que la mondialisation a permis aux riches et aux grandes entreprises de se rendre mobiles et, ainsi, d'imposer des baisses sur tous les impôts progressifs, sous peine de s'expatrier, ce qu'ils ne manquent pas de faire cependant, en partie du moins, puisque de nombreux pays se montrent très compréhensifs envers cette population convoitée. Les taux d'impôts sur le revenu, sur les successions, sur les bénéfices, sur les plus-values diminuent ainsi partout dans le monde depuis trente ans, réduisant progressivement les ressources des pouvoirs publics. Mais où est passé l'argent de nos impôts, s'interrogent les citoyens ? Il a disparu pour partie puisque que les riches en payent de moins en moins. Le ras-le-bol fiscal actuel s'explique par l'iniquité fiscale qui grandit.

<h2 style="text-align:center">12.
Les riches sont de généreux bienfaiteurs</h2>

Le mécénat connaît un succès grandissant auprès des grandes entreprises et des plus fortunés. Il permet de soutenir financièrement de nombreux projets, dans la santé, l'éducation, la culture, l'écologie. Le mécénat repose *a priori* sur une démarche altruiste et son action a des retombées positives sur la société tout entière, pour lutter contre la pauvreté, les difficultés du handicap ou de l'insertion, ou encore les dégradations environnementales.

Toutefois, en y regardant de plus près, on s'aperçoit rapidement que la démarche dépasse largement la seule philanthropie. Le mécénat bénéficie tout d'abord de déductions fiscales particulièrement avantageuses : c'est un moyen d'apporter à ses contributeurs une image très valorisante à peu de frais. Lorsque vous donnez 10 €, cela vous coûte au maximum 4 €. C'est nettement plus intéressant que la publicité. Par ailleurs, le mécénat a l'avantage de créer une identité autour d'un thème et de certaines valeurs, et d'y impliquer un collectif. Le but sous-jacent est de bonifier son image, tout en favorisant l'implication et la fidélité de son réseau (salariés, clients, partenaires...) par des actions valorisantes qui stimulent l'adhésion autour de sa marque ou de son nom. Vue la valeur de marché de l'image des grandes marques, on comprend mieux l'importance de cette démarche. L'étude Kantar Brand[27] évalue à 325 milliards de dollars la valeur des 50 premières marques françaises et à 7 100 milliards de dollars la valeur des 100 premières marques mondiales. La marque est devenue un élément clé de la valeur d'une entreprise. Pour tout actionnaire, valoriser sa marque, c'est donc valoriser son patrimoine. Et comme l'État en finance *a minima* 60 %, le mécénat constitue une aubaine. Le mécénat vient donc compléter avantageusement la publicité, en y ajoutant une notion sociétale et fédératrice, empreinte de vertu. La publicité a d'ailleurs déjà évolué en ce sens, pour se focaliser davantage sur l'image de la marque, bien plus que sur les qualités intrinsèques des produits.

Pour aller plus loin encore, rien de mieux que de créer une fondation afin de mieux structurer ses actions de mécénat. Les fondations ont ainsi connu un essor fulgurant, d'abord aux États-Unis, puis dans le reste du monde. Elles portent généralement le nom de leur fondateur, grande entreprise ou personnage richissime, offrant légitimité et réputation. Qui n'a pas déjà entendu parler des fondations de Bill et Melinda Gates ou de Warren Buffet, comme de leurs milliards ? Toutefois, les sommes versées sont très modiques à l'échelle des pays. Les financements des fondations américaines, pourtant les plus riches, représenteraient moins de 1 % des dépenses publiques américaines. On en parle énormément alors même que leurs financements restent finalement extrêmement marginaux. Généralement, bien loin

---

27. Édition 2021 du classement Kantar BrandZ qui évalue les marques.

des millions voire des milliards amassés par les fondations, seuls les revenus tirés de leurs placements sont dépensés. Beaucoup de communication pour peu de financements, c'est l'art des riches : de la communication pour valoriser de faibles financements et dissimuler le fait qu'ils participent de moins en moins au services et prestations publics. Le retour sur investissement des fondations s'avère ainsi très rentable. Les fondations apportent à leur fondateur une aura et une capacité d'influence hors du commun.

Plus encore, la démarche des fondations à première vue altruiste cache souvent des intérêts privés, tel un *lobbying* moderne. Elles permettent, vis-à-vis du grand public comme des élus politiques, de donner une assise institutionnelle à une démarche en fait individuelle. La voix des riches se fait ainsi entendre bien plus volontiers *via* leurs fondations. Ces dernières permettent également de renforcer les réseaux d'influence et d'affaires lors de somptueuses soirées caritatives, où les invités sont triés sur le volet, et ce en bénéficiant de réductions d'impôts. Que demander de plus ? Les fondations privées s'immiscent ainsi progressivement un peu partout dans la société, signe de la puissance acquise par les plus fortunés. Elles commencent même à faire de l'ombre aux Organisations non gouvernementales (ONG). Elles s'empressent d'intervenir lors des catastrophes humanitaires afin de s'arroger de nouveaux contrats pour la reconstruction. Nous nous retrouvons en fait dans un processus de privatisation larvée, au détriment de l'intervention publique et de la société civile – rappelons-le : à peu de frais. Elles constituent en fait surtout un faire-valoir pour influer sur la société et capter de nouveaux contrats.

Cela n'a rien d'étonnant. De nombreuses études montrent que l'empathie des individus diminue au fur et à mesure que leur fortune augmente. Paul K. Piff, enseignant à Berkeley, université à la pointe des travaux en psychologie sociale, démontre que lorsque « le niveau de richesse d'une personne augmente, ses aptitudes à la compassion et à l'empathie diminuent, alors même que leurs sentiments de défendre leurs droits, de voir leur mérite récompensé, et leur idéologie de l'intérêt personnel augmentent[28] ». D'ailleurs, il n'y a qu'à voir le train de vie des plus riches et leur impact sur l'environnement pour comprendre leur intérêt pour les causes sociales et environnementales. Un riche émet 70 fois plus de CO_2 qu'un pauvre. Combien de fois plus pour les milliardaires, avec leur jet privé, leur yacht, leur villa de luxe ? Peu importe apparemment.

Quand bien même certaines actions seraient motivées par une réelle générosité humaniste, il ne s'agirait que de charité. Or, n'oublions jamais que la charité ne remplace jamais la justice sociale.

28. Paul K. Piff, *Higher social class predicts increased unethical behavior*, Proceedings of the National Academy of Sciences (PNAS), février 2012.

13.
Nous voulons tous être riches

Pour commencer, précisons que la notion de « riche » est perçue différemment selon chacun. Pour beaucoup de Français, elle signifie un revenu autour de 5 000 euros mensuels. Pour une minorité, ce peut être beaucoup plus. Nous voyons déjà là une confusion entre aisance et fortune. En fait, nous sommes nombreux à souhaiter disposer de moyens confortables pour vivre correctement. Mais souhaitons-nous vraiment être « riches », au sens de « très riches » ? Selon une enquête du sociologue Rainer Zitelmann[29], 30 % des Français et 24 % des Françaises pensent qu'être riche est important personnellement. Ce résultat, dans la moyenne européenne, montre que nous n'aspirons pas tous à devenir riches ; et sûrement très peu à vouloir devenir très riches.

La richesse matérielle répond en fait à divers objectifs, qu'il nous faut distinguer afin d'éviter toute confusion. Son premier objectif est de protéger, en assurant ses besoins physiologiques (se nourrir, se loger, se vêtir, se déplacer...), sans contraintes majeures, sans avoir à compter à chaque instant. Cet objectif est

---

29. Étude par sondage dans sept pays, « L'attitude envers les riches », *Economic Affairs*, mai 2021.

totalement légitime. Le deuxième objectif de la richesse matérielle est de pouvoir se faire plaisir, à soi et à ses proches, en s'offrant des biens et services de confort et de loisir. Cette aisance au quotidien est une source de satisfaction, comme un dîner au restaurant, un week-end dans de jolis lieux, des vacances dépaysantes, des activités de loisir, des moments de fête, une jolie résidence de vie, de beaux meubles, des accessoires de qualité pour ses activités, etc. Les besoins humains dépassent en effet le champ des besoins élémentaires. Nous sommes donc nombreux à aspirer à cette aisance financière, même si la question écologique s'invite désormais dans la légitimité de cette démarche en reposant avec pertinence la question de l'utilité souhaitée et souhaitable de certaines dépenses, et en privilégiant la qualité à la quantité. Son troisième objectif est la liberté qu'une certaine aisance financière confère pour accomplir ses projets personnels. Elle aide à leur réalisation, grâce à la fois aux moyens matériels et humains qui pourront être mis à disposition et au temps que l'on pourra dégager pour s'y consacrer. Cet objectif est également légitime et sain.

La richesse matérielle recouvre ensuite deux autres objectifs, plus subjectifs : un objectif social, plus ou moins conscient, et l'estime de soi. Au-delà de la satisfaction personnelle liée à l'usage de biens et services, la richesse représente en effet un signe fort de réussite sociale. Ces deux objectifs prennent une place très variable selon la personnalité de chacun, ses valeurs et son milieu social. Ils peuvent être sains, tant qu'ils restent mesurés. Ils peuvent aussi conduire à d'importantes dérives, dont certaines s'avèrent malsaines.

Nous les retrouvons dans la célèbre pyramide des besoins du psychologue Abraham Maslow, avec, de la base au sommet : les besoins physiologiques, de sécurité, d'appartenance et d'amour, d'estime et, enfin, d'accomplissement de soi. Une aisance financière semble suffire à combler l'essentiel des objectifs cités. Alors pourquoi certaines personnes veulent-elles devenir riches ? Nous entrons là vraisemblablement dans des raisons plus subjectives. Le problème viendrait principalement d'une perversion des objectifs de reconnaissance sociale et d'estime de soi. Dans nos sociétés où la réussite et le pouvoir passent par l'argent, le besoin de reconnaissance sociale et d'estime de soi exige souvent beaucoup d'argent ; plus encore lorsque le pouvoir devient un objectif. Toutes les personnes en quête de pouvoir et de compensation narcissique seront logiquement incitées à s'enrichir de façon démesurée. Le problème ne vient pas tant du fait qu'il existe des personnes déviantes (il en existera toujours), mais surtout du fait que notre société capitaliste encourage cette perversion. L'avidité y est stimulée, voire exaltée, au lieu d'être combattue et freinée. Les individus les plus narcissiques et cyniques s'épanouissent pleinement dans cette compétition exacerbée par le système capitaliste, où le pouvoir de l'argent brille et fait briller, où tous les coups sont permis pour réussir.

Il est d'ailleurs essentiel de dissocier les moyens de l'objectif. Si la richesse peut faire rêver, ce n'est pas tant l'argent en lui-même qui est recherché, car il ne représente qu'un moyen, mais plutôt la liberté qu'il peut procurer. Ainsi, si beaucoup accepteraient volontiers un gain providentiel d'argent, au loto par exemple, peu de personnes semblent cependant prêtes à tout pour devenir riches. Seuls les plus névrosés mènent une course effrénée vers toujours plus d'argent, usant de tous les moyens pour y parvenir, abusant d'un pouvoir gagné âprement. Le pire est que toute la société pâtit de leur course névrotique.

Nous sommes vraisemblablement bien plus nombreux à aspirer à tout l'inverse, à une société plus juste et plus saine, où l'épanouissement personnel et l'aisance financière auraient toute leur place aux côtés de projets communs ; où le dynamisme économique n'aurait rien d'antinomique avec les notions d'équité, de solidarité et de développement équilibré. Selon une enquête[30], 80 % des Français seraient favorables à consacrer plus de moyens aux services publics, 73 % à ce que les écarts de revenus soient moins importants et 69 % à une redistribution plus importante.

Le système capitaliste nous incite à mener une course au désir, dans une servitude aliénante, nous faisant croire que notre bien-être réside dans la richesse matérielle, car cela l'enrichit et la légitime. Nous avons effectivement besoin de richesses, mais certainement pas pour nourrir des *ego* démesurés. Elles devraient surtout nous permettre d'offrir une vie décente au plus grand nombre et nous donner les moyens de relever collectivement des défis, en retrouvant le sens du bien-vivre ensemble, dans le respect de chacun, de notre environnement et de notre planète.

---

30. Rapport du Crédoc/Ademe, « Focus sur les aspirations vis-à-vis de notre modèle de société », octobre 2021.

14.
L'argent fait le bonheur

L'argent, dans nos sociétés dites modernes, permet, au moins partiellement, de s'accomplir, car il ouvre le champ des possibles. En effet, le manque d'argent entrave la réalisation de ses projets personnels, donc de son bonheur. Pour autant, l'argent apporte-t-il le bonheur ?

L'argent permet de sortir de la misère, donc d'un certain malheur. La lutte contre la pauvreté est essentielle. Cependant, le bonheur ne se limite pas au « non-malheur ». Il repose sur un état de bien-être, issu d'une alchimie entre plusieurs ingrédients conduisant à un accomplissement personnel au sein de la société : santé, amour, conditions de vie agréables, relations sociales et professionnelles épanouissantes, liberté émancipatrice. Sur cette base, l'argent peut assurément contribuer à nourrir positivement les ingrédients du bonheur, en facilitant les conditions de leur obtention. Toutefois, l'argent ne le garantit pas. De plus, la fortune n'offre pas forcément plus de bonheur que l'aisance financière. Elle génère même des risques et difficultés supplémentaires.

En effet, toutes les études montrent que la satisfaction monétaire est réelle. Le bonheur d'une population progresse automatiquement avec le développement économique. Les Danois sont globalement plus heureux que les Somaliens. Cependant, la satisfaction marginale décroît jusqu'à devenir nulle, voire négative, au-delà d'un certain seuil. Ainsi, une hausse de revenu mensuel, passant de 1 000 à 2 000 €, offrira à un Français énormément de satisfaction car elle l'aidera à mieux répondre à ses besoins élémentaires. Une hausse supplémentaire de revenu de 1 000 € apportera une satisfaction moindre, bien qu'encore importante, car elle permettra de répondre à des besoins secondaires, de confort et d'aisance. Les gains supplémentaires génèreront ensuite de moins en moins de bien-être supplémentaire. Au-delà d'un seuil de l'ordre de 6 000 euros mensuels, la « satisfaction monétaire » pourrait même devenir négative, selon le prix Nobel d'économie Angus Deaton[31]. En effet, les difficultés pour gagner davantage deviendraient supérieures à la satisfaction apportée par le gain supplémentaire.

Pour autant, la quête de fortune ne s'arrête pas toujours car, si on n'y prend pas garde, les attentes ont tendance à évoluer au fil du processus de richesse, exigeant toujours plus de luxe et de plaisirs, générant, au final, plus de stress que de satisfaction. C'est une recherche hédoniste malsaine et incessante dont nous devrions nous méfier. La facilité apparente qu'induit l'argent, trop d'argent, est perverse car elle accorde un pouvoir qui dénature les relations à autrui. Elle génère une docilité de l'entourage, voire sa soumission. Les comportements avilissants deviennent alors la norme. Or, ils ne font grandir personne. La fortune infantilise car elle donne le pouvoir malsain de conserver sa puérilité avec magnificence. Une situation peu enviable en fait.

---

31. Voir notamment l'ouvrage d'Angus Deaton, *The Great Escape: Health, wealth and the origin of inequality*, Princeton University Press, 2013.

De plus, la fortune peut vite devenir un carcan et une source de soucis et de peurs : d'être volé, cambriolé ou escroqué, d'être entouré de profiteurs, de perdre sa position sociale et, paradoxalement, d'être mal aimé dans un monde où les riches restent et resteront toujours minoritaires. Moins de 3 % des Européens estiment les riches honnêtes. Enfin, la recherche de pouvoir et d'argent a la fâcheuse tendance de déstructurer les relations humaines et les socles sociaux, conduisant à des dérives en tout genre : paupérisation et précarité d'une partie de la population, délinquance, drogue, perte de confiance dans les institutions et l'avenir. La société subit en effet de graves effets collatéraux de ces comportements pervers, en favorisant les abus de pouvoir, la compétition prédatrice et dominatrice, plutôt que la coopération et la confiance puisque les efforts à fournir pour devenir riche s'avèrent vite insuffisants pour les porter seul. Un supplément de travail ne suffit plus au-delà d'un certain niveau de revenu. Il faut alors recourir à la rente, seul moyen de générer de gros revenus. Et dans le système capitaliste, le propriétaire est en position de force pour reporter sur les autres (les salariés, les fournisseurs et les clients) les efforts nécessaires. Notre modèle est doublement pervers. Non seulement, il incite à la quête aberrante de la fortune, mais, en plus, il donne les moyens aux riches propriétaires d'abuser de leur pouvoir par l'exploitation d'autrui pour accroître encore et encore leur avoir. Tout cela dans le seul but d'assouvir les bas instincts de puissance d'une minorité, ce qui n'est absolument nécessaire au bonheur personnel, et encore moins au bonheur collectif.

Ainsi, si l'aisance financière contribue au bonheur, la fortune alimente surtout nos penchants naturels les plus vils, faisant du riche un drogué à la dopamine et aux plaisirs faciles, à l'opposé du bonheur réel qui repose sur la sérotonine. Or, un trop-plein de dopamine détruit de façon naturelle la sérotonine. C'est un cercle vicieux : lorsque la dopamine prend le dessus, il en faut toujours plus pour compenser le manque de sérotonine. On comprend mieux pourquoi les riches n'en n'ont jamais assez et sont prêts à tout pour amasser toujours plus d'argent, au-delà du déraisonnable. Si l'argent contribue au bonheur, la fortune ne fait pas le bonheur, elle devient une drogue.

15.
La fortune constitue le principal moteur
de l'envie d'entreprendre

L'argent, c'est-à-dire les revenus et les perspectives de revenus, représente sans contexte un moteur de motivation dans son travail. Chacun souhaite recevoir une rétribution pour son travail à la fois décente et à la hauteur de son mérite. Le revenu du travail constitue une récompense légitime de ses efforts, du temps, de l'énergie et de l'implication que l'on y consacre, et des compétences apportées. Il joue un rôle essentiel, en termes à la fois de réponse à ses besoins matériels et de reconnaissance sociale.

Pour autant, l'argent ne représente pas le seul facteur de motivation et de satisfaction au travail. Selon une enquête sur la qualité de vie des salariés au travail[32], la « reconnaissance du travail effectué » arrive en tête du podium, suivi de la « nature des responsabilités et des missions confiées » et de la « qualité relationnelle et ambiance de travail agréable ». La rémunération n'arrive qu'en quatrième position, *ex æquo* avec la « possibilité de progresser en compétences et responsabilités ». Rares sont

---

32. Enquête de Deloitte et Cadremploi.fr, « Qualité de vie au travail : et le bonheur ? », avril 2015.

les salariés prêts à quitter un bon job correctement payé pour un job pourri mieux payé. En revanche, l'inverse se produit bien plus fréquemment.

La rémunération constitue en fait surtout un motif d'insatisfaction lorsqu'elle n'est pas estimée à la hauteur de son implication. Et nombreux sont les salariés insatisfaits de leur rémunération. 7 salariés sur 10 ne se sentent pas reconnus à leur juste valeur. Plus on se situe en bas de la hiérarchie, moins on se sent reconnu. Cette situation peut s'expliquer par le fait que le capitalisme privilégie l'utilité économique et non l'utilité sociale, offrant des rémunérations bien supérieures à ceux qui enrichissent les actionnaires. Les avocats fiscalistes et les spécialistes en restructuration ou en marketing servant avec zèle les intérêts de la minorité possédante gagnent bien plus que les infirmiers, les pompiers ou les aides à la personne qui, eux, servent surtout la collectivité. Ce paradoxe est de plus en plus mal vécu et à juste titre puisque la grande majorité de la population ne souhaite que de participer aux besoins de la collectivité par un rôle identifié et qui a du sens, avec des conditions de travail de qualité et une rémunération correcte. Rien d'extraordinaire donc. Nous sommes bien loin de l'envie de fortune, que la doxa libérale promeut.

Qu'en est-il des entrepreneurs, des créateurs d'entreprise ? Leur motivation est-elle de devenir riche ? Sans cette envie de fortune, n'y aurait-il plus d'entrepreneurs ? Les études[33] sont pourtant, là encore, sans ambiguïté sur le sujet. Elles nous révèlent que l'entrepreneur a soif d'indépendance et de liberté

---

33. « Quelles sont les motivations des entrepreneurs aujourd'hui ? », *Dynamique Mag*, septembre 2020.

au travers de son activité, et qu'il est prêt à prendre des risques pour devenir autonome. L'aspect financier est loin d'être la motivation première pour l'entrepreneur, même s'il souhaite, évidemment, pouvoir vivre décemment de son projet. Les enquêtes de l'Insee[34] sur les motivations des créateurs d'entreprise révèlent que la volonté d'indépendance a joué pour 61 % d'entre eux, tandis que le goût d'entreprendre et le désir d'affronter de nouveaux défis arrive en deuxième position avec 44 % des réponses. La perspective d'augmenter ses revenus n'arrive qu'en troisième lieu, avec 27 %. La réalité des motivations apparaît donc très éloignée de la promotion de la fortune que distillent nos dirigeants, tel Emmanuel Macron à Las Vegas en janvier 2015, qui clamait : « Il faut des jeunes Français qui aient envie de devenir milliardaires. » Quel jeune se lance dans l'entreprenariat en espérant vraiment devenir milliardaire ?

Cet encouragement à devenir riche sert en réalité à légitimer la fortune des dominants en place, en nous faisant croire que nous sommes nombreux à rêver de fortune. En titillant nos bas instincts d'avidité et de cupidité, cette caste cherche à nous faire adhérer au droit à la fortune. Les enquêtes montrent pourtant bien qu'il ne s'agit en rien d'un objectif commun partagé. La fortune ne constitue pas la motivation principale de la réussite d'une vie, et heureusement, car les élus sont rares, nous le savons bien, du moins pour tous ceux qui ne naissent pas avec une cuillère en argent dans la bouche. Sur le plan professionnel, l'essentiel consiste à avoir un travail à la fois utile et intéressant, avec une certaine autonomie, qui permettra de se réaliser

---

34. Insee, « Les créations et créateurs d'entreprises en 2010 : situation initiale, situation en 2013 et en 2015 », enquête SINE, 17 mai 2017.

personnellement et s'épanouir, en dégageant effectivement un revenu correct voire confortable, à la hauteur de ses compétences et de son implication.

À l'inverse, nous observons l'importance grandissante pour les entrepreneurs d'inscrire des valeurs dans leur projet : un savoir-faire technique, un attachement au territoire, un lien social, dépassant la seule notion de profits. Les notions de sens, de se sentir acteur, d'équité et du service d'autrui occupent une place croissante dans un système économique ressenti comme déshumanisé. Loin de la quête de fortune, l'objectif d'une majorité semble plutôt la recherche de sens. Il serait donc salvateur de rééquilibrer la hiérarchie des valeurs de notre société, pour favoriser davantage les valeurs de dépassement de soi, comme la bienveillance (loyauté, serviabilité, honnêteté, pardon) et l'universalisme (paix, sagesse, justice, harmonie, nature), en reprenant celles du psychologue Shalom Schwartz[35], et un peu moins celles de l'affirmation de soi, comme le pouvoir (autorité, richesse) et la réussite (compétence, ambition).

---

35. Shalom Schwartz, « Les valeurs de base de la personne : théorie, mesures et applications », *Revue française de sociologie*, 2006/4, vol. 47, pp. 929-968.

16.
Le droit à la fortune, c'est la liberté

La liberté est considérée comme une valeur fondamentale, et à juste titre. Il n'y a qu'à écouter ceux qui en manquent ou en ont manqué pour s'en rendre compte. Néanmoins, l'étendue de la liberté personnelle doit rester circonscrite à celle qui préserve la liberté d'autrui. Nos sociétés ont d'ailleurs posé de nombreuses limites à nos libertés personnelles. La crise sanitaire du Covid-19 en est d'ailleurs le parfait exemple. Depuis longtemps déjà, des limites ont été posées dans les usages de la propriété privée. L'usage d'une voiture ou d'un bateau, par exemple, oblige à respecter une réglementation très stricte. La détention de terres nécessite leur entretien, l'occupation d'un logement induit des obligations, de même que le fonctionnement d'une entreprise. Être propriétaire ne signifie pas faire ce que l'on veut dans le cadre de sa propriété. Des règles sont à respecter, que nul n'est censé ignorer. Elles sont régies par des codes : code de la route, code de navigation, code civil, code de l'urbanisme, code du commerce, code du travail, etc.

En revanche, le droit de posséder ne connaît aucune limite dans notre société. Une personne peut ainsi accumuler sans fin, que ce soit des terres, de l'immobilier, des fonds de placement, des parts d'entreprise. C'est étonnant car nous pouvons et devons poser la question de savoir si cette liberté d'accumuler sans limites, au cours de notre vie et par héritage, n'entrave pas la liberté d'autrui.

La liberté de fortune est souvent justifiée par la liberté d'entreprendre. Créer et développer son entreprise, saisir une opportunité pour proposer un nouveau produit ou un nouveau service constitue une prise de risque qui doit être motivée et récompensée. Pourtant, la liberté d'entreprendre est très relative en réalité, puisque qu'elle nécessite des moyens adéquats pour y arriver. Ainsi, si l'économie de marché a l'avantage d'être en évolution constante, créant de nouvelles opportunités, certaines conditions s'avèrent indispensables pour les saisir, notamment pour les projets d'envergure susceptibles de procurer des gains importants. Il faut généralement disposer de connaissances et compétences techniques, financières et commerciales, des fonds pour investir, des réseaux pour faire connaître son innovation, la développer, la commercialiser, et beaucoup de temps... Ce dont tout le monde ne dispose pas, dans des proportions comparables du moins. Le courage, l'audace et l'effort, tant prônés par les libéraux, ne suffisent généralement pas.

Cela est d'autant plus vrai que l'économie de marché a aussi pour inconvénient de générer des coûts d'ajustement lors de ses évolutions continuelles. Il est indispensable de s'adapter, mais cela à un coût, en capital de production et en capital « humain », et ce coût est d'autant plus lourd que le capital détenu est peu diversifié. C'est le cas notamment pour les salariés, les indépendants et les petites entreprises. Le petit entrepreneur prend des risques importants, en y investissant souvent la totalité de son capital. En cas d'échec, son coût personnel est très élevé. Les salariés jouent gros également, car ils ne possèdent la plupart du temps que leur capital humain pour s'insérer dans le monde du travail, c'est-à-dire leurs études et diplômes et leur expérience professionnelle. Ainsi, lorsqu'un salarié perd son emploi, l'enjeu pour lui est triple : retrouver rapidement un emploi car il constitue sa seule source de revenu (hormis un droit au chômage limité dans le temps), mais aussi un travail dans son domaine afin de préserver son capital humain, et à proximité géographique sous peine de devoir assumer de longs déplacements ou un déménagement coûteux, financièrement et surtout socialement (son réseau professionnel est souvent local). On comprend mieux le désarroi des salariés subitement licenciés et les peurs liées aux risques de ne pas retrouver un emploi de même type et au même endroit. À l'inverse, les plus riches auront les moyens de diversifier leurs investissements, leur permettant d'être proportionnellement moins impactés par les coûts d'ajustement, et de disposer de réserves si besoin, afin de faire face aux ajustements nécessaires, sans risquer de tout perdre.

Alors de quelle liberté parle-t-on et pour qui ? La liberté dans un système complexe exige en effet une grande autonomie, notamment financière, alors même que la situation est actuellement totalement inégalitaire entre les personnes, riches ou pauvres, et les entreprises, grandes ou petites. Les riches disposent en effet d'une mobilité bien plus grande de leur capital financier et humain, leur permettant de profiter des opportunités offertes par l'économie de marché. Les autres, dont le capital est bien moins mobile, subissent bien plus fortement les aspects négatifs des ajustements à réaliser, sans pouvoir profiter des opportunités qui se présentent. Ce modèle conduit mécaniquement à des cercles vertueux pour les mieux lotis et des cercles vicieux pour les autres, ces derniers devenant même des proies pour les plus gros : des salariés précarisés, des entreprises dépecées, des territoires pillés. Nous retrouvons le comportement de prédateur de la compétition capitaliste qui ne s'apparente nullement à une liberté, mais à une exploitation qui ne dit pas son nom.

17.
Trop d'État et d'impôts empêchent de s'enrichir

Une vision libérale s'est progressivement imposée avec un discours bien rôdé. L'État français dilapiderait notre richesse, avec 56 % de la production nationale (PIB) consacrés aux dépenses publiques et empêcherait les citoyens de s'enrichir autant qu'ils le pourraient et devraient.

C'est une vision erronée. Tout d'abord, une partie des dépenses publiques est autofinancée par des ressources propres conduisant à un besoin réel de financement public de 48 % du PIB, dont environ 3 % par le déficit public (hors période de crise), ce qui signifie que les prélèvements pèsent en réalité 45 % du PIB, et non 56 %.

Par ailleurs, l'essentiel de ces 56 % du PIB concerne des prestations et non des dépenses. Elles sont gérées par des organismes publics mais viennent alimenter l'économie marchande privée. Pour un total de 35 % du PIB actuellement, elles se composent des pensions de retraite (à hauteur de 14 % du PIB, elles sont dépensées en majorité en consommation), de la prise en charge des dépenses de santé, de l'invalidité, du handicap et des absences maladie (9 % du PIB finançant les hôpitaux, les cliniques, les pharmacies, les entreprises pharmaceutiques, les ambulanciers, les professions libérales de la santé…), les charges d'intérêt du déficit public (2 % du PIB rétribuant les financeurs), et d'aides diverses pour 10 % du PIB[36]. Notons que ces aides concernent pour moins de la moitié les particuliers (indemnités chômage, aides familiales, aides au logement, primes d'activité et minima sociaux), tandis que plus de la moitié concernent les entreprises. Le « pognon de dingue » des aides, pour reprendre les termes d'Emmanuel Macron, est dédié en réalité davantage aux entreprises qu'aux citoyens. Étonnant que soit si peu évoquée cette répartition des aides, très favorable aux entreprises. La situation est d'ailleurs différente en Allemagne. Si l'assistance aux particuliers est comparable à celle de la France (elle représente 4,5 % du PIB), elle est bien moindre pour les entreprises (2,9 % du PIB)[37].

Les dépenses des services publics proprement dites ne pèsent en réalité que 21 % du PIB, et elles sont en légère diminution depuis 1980 (23 % du PIB sous Valéry Giscard d'Estaing). Et un quart de ces dépenses alimente les entreprises privées, à travers les appels d'offres publics : 170 000 entreprises privées travaillent pour l'État et les collectivité territoriales (fournitures, prestations, chantiers, délégations de service public…). Ces contrats ont d'ailleurs bien souvent permis à de grandes entreprises d'assoir leur puissance commerciale et financière, et d'enrichir leurs propriétaires, comme les célèbres Bouygues et Dassault. Les dépenses purement publiques ne représentent donc finalement que 16 % du PIB, un niveau plutôt modéré, très éloigné des

---

36. Insee, « Dépenses, recettes et besoin de financement des administrations publiques », mai 2020, et les données du service statistique du ministère des Affaires sociales (Drees) et d'Eurostat.
37. Selon les données de Ceo-Rexecode, « L'écart de dépenses publiques entre la France et l'Allemagne », *Document de travail* n° 69, juin 2018.

56 % généralement évoqués ! Elles financent les investissements publics internes et les salaires du personnel public (5,4 millions de personnes, dont 70 % de fonctionnaires[38]) qui travaille dans des services essentiels pour la collectivité : éducation (1,3 million de personnes), hôpitaux (1,2 million), fonctions techniques territoriales (0,9 million), sécurité (0,7 million), administration, économie et finance (0,7 million), social et médico-social (0,4 million), et animation, sport et culture (0,2 million).

Certes, les prestations publiques ont progressé depuis quarante ans en France, passant de 23 % du PIB en 1980 à 35 % aujourd'hui. Cependant, il ne s'agit nullement de gabegie, mais de la conséquence d'une population qui vieillit. Les dépenses de retraite et de santé augmentent mécaniquement, ce qui constitue un enjeu de poids pour notre société. Cependant, si la tentation peut être forte de réduire nos impôts et prélèvements, afin de « libérer les énergies », comme disent les libéraux, il faut se poser les bonnes questions. Souhaitons-nous réduire les moyens dédiés à nos retraites, à la santé, à l'éducation, à la sécurité ou encore à nos infrastructures publiques ? Et s'il s'agit de privatiser ces services, payerons-nous vraiment moins à services comparables ? Faisons attention car c'est souvent le contraire qui est observé. Les privatisations génèrent en effet des surcoûts liés à la multiplication des acteurs, car les entreprises privées doivent créer des services commerciaux, recourir à la publicité, gérer le turnover de la clientèle et de leurs salariés, tandis que les économies d'échelle sont moindres et que les actionnaires privés exigent des dividendes. L'objectif inavoué des riches ne serait-il pas plutôt d'accaparer de

---

38. Direction générale des collectivités locales, « Les collectivités locales en chiffres 2019 », juin 2019.

nouveaux secteurs en les privatisant, alors même que la logique du marché privé présente de graves limites dans tous les secteurs sensibles comme la santé, l'éducation, l'énergie, la sécurité ou encore les infrastructures, afin tout simplement d'accroître un peu plus leur patrimoine, leur fortune et leur pouvoir ?

Non, les dépenses publiques n'empêchent nullement de s'enrichir, du moins collectivement. Elles garantissent un minimum de services gratuits et accessibles à tous, de redistribution et de protection. Elles constituent le socle de notre vivre ensemble. Par ailleurs, les pouvoirs publics jouent un rôle essentiel dans l'élaboration des normes et des règles afin de garantir une égalité minimale entre les citoyens et les entreprises, par un respect de règles communes, sans quoi notre monde deviendrait une jungle, offrant tout pouvoir aux plus forts. L'État est le garant de l'élaboration du droit et de son respect, afin de protéger chacun, notamment ceux en situation défavorable. L'interventionnisme public ne s'oppose donc pas au développement d'un pays, ni à celui des entreprises, bien au contraire. Il offre de nombreux services essentiels et de règles communes qui forment un socle sain pour un vrai développement, favorable aux classes populaire, moyenne et aisée, pour peu, du moins, qu'il reste pleinement au service de l'intérêt général, et non de sa minorité dominante.

18.
Le capitalisme a sorti le monde de la misère

La question du rôle du capitalisme dans le développement de nos sociétés est essentielle. En effet, si ce modèle a permis et permet encore d'améliorer la situation d'une grande majorité de la population sur un long terme, toute remise en cause devient inopportune. Alors qu'en est-il ?

Le capitalisme a pris son essor à partir du milieu du XVIIIe siècle en Angleterre puis s'est imposé progressivement dans le monde entier. Pour ses défenseurs, c'est le capitalisme qui a permis l'essor économique que le monde a connu, conduisant à une hausse de l'espérance de vie et du niveau de vie, à un accès accru à l'éducation et aux soins, et à une diminution de l'extrême pauvreté. Cette amélioration globale, même si celle-ci a connu des irrégularités dans le temps et reste encore géographiquement très hétérogène, est réelle. Cependant, deux éléments majeurs viennent tempérer significativement les bienfaits du capitalisme.

Tout d'abord, les résultats obtenus sont décevants comparés à l'accroissement de richesse observé. L'extrême pauvreté a certes diminué, mais finalement assez peu. Sur terre, 700 millions de personnes disposent de moins de 1,90 $ par jour, soit près de

10 % de la population mondiale qui vit dans le dénuement le plus total[39]. Et l'extrême pauvreté est bien plus forte si nous considérons, comme le promeuvent les Nations unies, un seuil plus pertinent de subsistance situé entre 3,20 $ à 5,50 $ par personne et par jour selon les pays. Ainsi, 2,4 milliards de personnes ne seraient toujours pas en capacité d'assurer leurs besoins fondamentaux, soit le tiers de la population mondiale ! L'Onu alerte d'ailleurs sur la hausse continue de la sous-alimentation, alors même que le monde n'a jamais été aussi riche. En 2018, 822 millions de personnes souffraient de la faim et 1,3 milliard de personnes n'avaient pas un accès régulier à une nourriture nutritive et suffisante[40]. Et la situation empire depuis la crise sanitaire du Covid-19. Dans les pays développés, les inégalités s'accentuent, avec une paupérisation de la classe populaire et d'une partie de la classe moyenne. Toute une frange de la population globale ne profite donc pas de la croissance économique mondiale, alors même qu'elle est vigoureuse (3 % par an en moyenne depuis les années 1980).

Par ailleurs, cette croissance économique s'accompagne de déstructurations sociales et environnementales. Selon le même rapport des Nations unis pour le développement, l'approvisionnement en eau reste encore un défi pour 4 milliards d'humains, tandis que, chaque année, plus de 200 millions de personnes sont touchées par des catastrophes naturelles, 12 millions d'hectares sont gagnés par la sécheresse et la désertification, 24 milliards de tonnes de terres fertiles sont perdues par l'érosion, 7 millions

---

39. Banque mondiale, *Pauvreté et prospérité partagée 2020*.
40. Programme des Nations unies pour le développement (PNUD), *Rapport sur le développement humain 2018*, février 2019.

nets d'hectares de forêt tropicale disparaissent, 250 millions de tonnes de plastiques non recyclés causent de graves dégâts à la faune et la flore, terrestres comme marines. Et la liste est encore longue : forte diminution de la biodiversité (faune et flore), appauvrissement et contamination des terres, des rivières et des mers, pollution de l'air, réchauffement et dérèglement climatiques, etc. Par ailleurs, les progrès dans l'éducation semblent plus relatifs qu'il n'y paraît, car si le taux de scolarisation progresse, les moyens accordés à l'école (enseignants, élèves, infrastructures et gouvernance) restent largement insuffisants dans bien des endroits pour assurer un enseignement correct. Le bilan du capitalisme s'avère donc mitigé, accentuant les tensions et les violences, générant trafics, banditisme, guérillas, intégrismes et migrations de masse incontrôlées.

Ensuite, une question essentielle se pose : les progrès réalisés viennent-ils vraiment du modèle capitaliste ou sont-ils liés à d'autres facteurs ? Pour le comprendre, faisons un peu d'histoire. L'économie marchande a pris son essor très progressivement durant de nombreux siècles. Elle s'est ensuite muée en capitalisme industriel au cours du XVIIIe siècle. Les États, en France comme dans tous les pays occidentaux, se sont renforcés tout en se montrant plus interventionnistes, notamment au XXe siècle, en mettant en place des règles et normes de plus en plus strictes, en investissant dans des secteurs essentiels (transport, énergie, éducation, santé...) et en menant des politiques de redistribution. Cet interventionnisme des États a nettement contribué au développement économique des pays occidentaux. Les autres pays, restés colonies ou sans structure étatique, n'ont pas connu le même essor. Le développement économique et social de l'Occident vient donc principalement de la conjugaison d'une économie de marché et d'une forte régulation publique, générant efficacité et équité. La concomitance de ces deux facteurs a facilité l'émergence et la diffusion des productions et des innovations, grâce à une redistribution efficace au sein de la société, stimulant la demande en biens (progrès matériel) et services (éducation, santé, culture...). Le rôle du capitalisme dans ce développement est resté, au mieux, marginal.

L'essor récent d'un capitalisme financier mondialisé, à partir des années 1980, contribue même négativement au développement économique, en réduisant l'impact des politiques de régulation des États. Cela explique en grande partie nos contreperformances depuis trente ans. À l'inverse, la Chine, qui a réussi à ouvrir son économie à l'économie de marché tout en instaurant de nombreuses régulations (accompagnées de dérives très inquiétantes sur le plan des droits individuels), a connu un développement économique réel en faisant émerger une véritable classe moyenne.

19.
Le capitalisme
est le seul modèle économique viable

Hors du capitalisme, il n'y aurait point de salut, nous dit-on souvent. Ce point mérite pourtant d'être approfondi, sans tomber dans le raccourci si facile et simpliste du communisme comme seule alternative.

Attardons-nous un instant sur ce que recouvre le capitalisme. Le capitalisme constitue une forme très particulière d'économie de marché, en conférant un droit de propriété exclusif et entier à celui qui possède un bien ou une entreprise. Ce droit de propriété englobe trois dimensions : l'*usus*, le droit de l'utiliser ; l'*abusus*, le droit d'en disposer, c'est-à-dire de le transformer, de le détruire en tout ou partie, ou de le céder à un tiers ; et le *fructus*, le droit de recueillir les fruits du bien. Des règles existent afin de réguler l'exercice de ces droits. Elles restent cependant suffisamment modérées pour ne pas remettre en cause les droits eux-mêmes. Le système capitaliste accorde ainsi le pouvoir décisionnel aux propriétaires, notamment aux actionnaires des entreprises qui décident des choix de gestion (*usus*) et de stratégie (*abusus*), et disposent librement des profits dégagés (*fructus*).

Face au pouvoir hégémonique des détenteurs de capitaux, des régulations successives ont permis de rééquilibrer (partiellement) les forces en présence durant la phase du capitalisme industriel. Les syndicats ont contribué à renforcer favorablement le rapport de forces entre les propriétaires de capital et les salariés. Les pouvoirs publics ont également corrigé les rapports de forces entre les acteurs privés, en proposant des lois et réglementations protectrices envers les acteurs en position défavorable : les locataires, les emprunteurs, les salariés, les actionnaires minoritaires, les sous-traitants, les consommateurs, etc. Les pouvoirs publics ont également permis de mettre en place des programmes de développement pour tous : éducation, santé, sécurité, infrastructures, etc. Cependant, cet interventionnisme public ne signifie nullement une remise en cause du modèle capitaliste, dès lors qu'il n'entrave pas son principe fondateur : le pouvoir économique revient aux propriétaires de capital. Cela revient à remettre le pouvoir absolu à l'actionnaire, que les managers doivent servir, garantir et imposer à tous les salariés, ce qui est très loin donc de nos modèles démocratiques, tant vantés pourtant. C'est une sorte de dictature économique qui ne dit pas son nom. Et cette dictature conduit à privilégier les actionnaires, au détriment de toutes les autres composantes de la société : salariés, fournisseurs, clients, consommateurs, citoyens, environnement...

Pourtant, une remise en cause de l'hégémonie de l'actionnaire ne signifie absolument pas la suppression de l'économie marchande. Des organisations différentes existent déjà d'ailleurs, comme les petites entreprises unipersonnelles, les organismes mutualistes, les coopératives d'utilisateurs ou d'usagers, et les coopératives de production (SCOP et SCIC). Ces formes alternatives d'entreprises restent cependant trop marginales pour empêcher la domination des grandes entreprises capitalistes et les pressions qu'elles exercent (rationalisations, rachats, délocalisations, financiarisation...). Pour autant, nous devrions pouvoir débattre sereinement de ces modèles alternatifs, sans tomber dans les raccourcis faciles de l'opposition « capitalisme *versus* communisme ». D'autant que l'économie marchande, régulée et coopérative peut s'avérer collectivement plus efficace et équitable que le modèle capitaliste traditionnel, car elle est susceptible de favoriser un développement plus respectueux de l'humain et de l'environnement, au-delà de la seule croissance économique.

Par ailleurs, nous évoquons trop souvent le terme de capitalisme en considérant qu'il est immuable et uniforme. Pourtant, le capitalisme a bien changé depuis son essor à la fin du XVIIIe siècle. D'un capitalisme industriel d'ateliers, il s'est mué en capitalisme de grandes industries, puis de services. Il est aujourd'hui devenu un capitalisme financier, globalisé et dérégulé, où de grands groupes oligopolistiques transnationaux dominent toute la chaîne de valeur. Tous les capitalismes ne sont pas comparables ; celui que nous connaissons en ce moment est sûrement le pire. Les marchés sont asphyxiés par une logique financière implacable de rentabilité à court terme, et bien moins par une logique industrielle d'investissement, de développement et d'innovation. La richesse créée ne ruisselle plus du haut vers le bas. Pire, le mécanisme s'est inversé. Les dominants réussissent à capter une part croissante de la richesse produite et la détourne de l'économie « réelle ». Ils n'hésitent pas à détruire notre planète pour accumuler toujours davantage, comme une course frénétique vers l'abîme. Quels profits réalisent-ils sur leurs manquements sociaux et écologiques ? Quels sont les coûts environnementaux du train de vie des riches ? Et comment demander aux plus pauvres davantage de sobriété quand les riches s'autorisent villas de luxe, yachts, jets privés, voire des vols touristiques dans l'espace ? Cette réalité ne peut que nous conduire à une schizophrénie mortifère. Le modèle capitaliste semble donc loin d'être optimum et pose même la question de sa viabilité à moyen terme. Nous devrions y réfléchir, pour poser de nouvelles bases, plus vertueuses, même si nos conclusions s'opposent aux intérêts de la caste dominante.

20.
C'est comme ça et on ne peut rien y changer

Comment un peuple peut-il accepter un système qui génère et aggrave les injustices sociales et détruit à petit feu notre planète ? La noblesse se légitimait par droit divin. Les dictatures recourent à la peur. Quant au capitalisme, il a su s'imposer par la loi, une loi concoctée par la bourgeoisie, à son avantage. Lorsque la bourgeoisie a pris les rênes du pouvoir, elle a su inscrire ses règles dans la loi, au nom de la liberté, pour son plus grand bénéfice. En accordant de nouveaux droits au peuple, la grande bourgeoisie a su ajouter des lois instituant le pouvoir du « propriétarisme ». Ces lois ont évolué au fil des dernières décennies, en s'ajustant à la mondialisation et à la financiarisation de l'économie, en confortant les intérêts de l'élite économique.

Quels sont aujourd'hui nos moyens d'action face à un système globalisé et à la toute-puissance de la finance et des multinationales ? D'autant que ce régime ploutocratique est soutenu par les nombreux médias que quelques milliardaires possèdent. Avec cette concentration médiatique, la France n'est d'ailleurs classée qu'au 34ᵉ rang mondial de la liberté de la presse en 2021, selon Reporters sans frontières, arrivant loin derrière les pays d'Europe du Nord et après plusieurs pays d'Amérique du Sud et d'Afrique. Quelle est la place donnée aux débats de fond, quelle est leur impartialité, notamment sur les thèmes susceptibles de reconsidérer la place des dominants ? Il suffit de nous pencher sur la nouvelle doxa libérale, qui érige la compétitivité comme un absolu, les plus fragiles sociale-ment en « fainéants » et en « assistés », voire en « agitateurs » ou en « haineux » lorsqu'ils osent manifester, comme on a pu le constater lors de la crise des Gilets jaunes. Le privilégié ne serait donc plus le multimillionnaire, forcément méritant, mais plutôt le pauvre qui abuse de l'État providence. Une honte. La crise sanitaire du Covid-19 est venue ébranler quelque temps ces beaux discours, le rôle joué par les « premiers de corvée » revenant sur le devant de la scène en ces temps difficiles, mais cela n'a guère duré. La propagande néolibérale bat à nouveau son plein, soutenue par nombre d'éditorialistes et experts mis en avant par la caste dominante, afin de justifier l'enrichisse-ment d'une minorité et l'accroissement des injustices sociales, et les présenter comme un moindre mal, comme un dégât collatéral de la compétition mondiale qui s'impose à tous (et dont personne ne voulait, bien entendu) et de crises écono-miques et sanitaires imprévisibles. L'objectif est de préserver coûte que coûte un large soutien des peuples vis-à-vis de ses élites économiques par la constitution d'un large « bloc élitaire », et ainsi de circonscrire toute opposition, tout « bloc contestataire », même si celui-ci ne fait que s'élargir, car les peuples sont de moins en moins dupes.

Une adhésion, au moins relative, de la population au système reste en effet primordiale pour maintenir la stabilité du régime en place… donc de sa classe dominante. Cela fonctionne d'autant mieux que les plus riches n'apparaissent jamais en première ligne. Les puissants se font discrets comme au temps des rois d'Assyrie ou chez les Mèdes, qui paraissaient peu en public, se donnant « quelque chose de surhumain » et de « mystérieux », afin d'être « servis d'autant plus volontiers » que les peuples « ignoraient qui était leur maître, ou même s'ils en avaient un », comme l'évoque La Boétie dans *Discours de la servitude volontaire*. Ils laissent la place à leurs valets : des experts et éditorialistes choisis pour leur ligne politique, des responsables de fondation qu'ils financent, des hauts fonctionnaires à qui ils offriront de belles opportunités dans le privé...

Alors, comment lutter ? De nombreuses démarches alternatives fleurissent localement : développement durable, alimentation saine et circuits courts, retour à l'artisanat et à une certaine simplicité de vie, respect de la nature, réseaux de solidarité, importance des communs et de la coopération. Cependant, elles risquent de rester confinées dans la marginalité face à un capitalisme financier qui a su s'imposer partout. Toutes les actions locales sont utiles, mais elles ne pourront pas vraiment constituer de véritables alternatives tant qu'elles ne seront pas accompagnées de changements plus structurels. Certes, un changement systémique est toujours difficile à opérer car il consiste à modifier au moins un des piliers du modèle. Comment faire ? Seule la constitution d'un « bloc contestataire », uni autour de propositions communes de progrès, et majoritaire face au « bloc élitaire », pourrait se révéler probante. Si les contestations se multiplient, elles n'arrivent cependant pas à se fédérer. Il est vrai que tout est fait par les dominants pour diviser les peuples en trouvant de multiples boucs émissaires à nos malheurs : le chômeur, l'étranger, le précaire, le syndicaliste, le fonctionnaire, le vieux, le musulman, le gauchiste, le rural, le banlieusard, l'automobiliste, le non-vacciné, etc. Il nous faut donc trouver une ligne claire de propositions capable de créer une large adhésion du « peuple-classe », afin de changer profondément le système, tout en préservant ce qui fonctionne. Une meilleure redistribution de la richesse constituera une des conditions de réussite, afin de retrouver une cohésion sociale... qui se fissure actuellement de toutes parts.

Conclusion
Des propositions sur le droit à la fortune

Il existe trois catégories de propositions : celles qui contribuent à réduire les inconvénients d'un système, celles qui transforment le système en vue de supprimer les sources des problèmes et un changement complet de système.

La première catégorie regroupe les propositions les plus nombreuses : augmenter les impôts des riches, aider financièrement les plus pauvres, protéger par des lois les plus fragiles, offrir des services publics accessibles, etc. Les pays occidentaux ont déjà mis en place de nombreuses mesures dans ce sens, sans pour autant résoudre le problème de fond des inégalités ; et la mondialisation de l'économie vient encore réduire l'efficacité de toutes mesures correctives. Les « acquis sociaux » sont fragilisés et détournés... jusqu'à parfois être purement et simplement remis en cause. Les mesures correctives restent essentielles, mais ne peuvent suffire à inverser la tendance systémique de la concentration de la richesse dans un capitalisme financier mondialisé. Les propositions sur l'évolution de la gouvernance des entreprises et le statut des entreprises apparaissent également comme une voie intéressante, en développant les modèles associatifs, mutualistes et coopératifs. Mais là encore, elles ne suffiront vraisemblablement pas à éviter la domination des multinationales. Contrer la domination de l'élite économique semble de plus en plus difficile.

La seconde catégorie de propositions est peu évoquée. Toute mesure de ce type est prise avec beaucoup de circonspection, voire de craintes, et doit affronter l'opposition systématique de la classe dominante. Il ne s'agit pas ici de changer de modèle, mais de remettre en cause au moins un des fondements de ce modèle, susceptible de modifier l'équilibre des forces en présence, entre dominants et dominés. Les pistes sont multiples mais les difficultés techniques à les mettre en œuvre et les risques de déstructurer l'ensemble du modèle réduisent leur faisabilité. En travaillant le sujet, j'ai néanmoins découvert qu'il serait techniquement envisageable de modifier un des piliers du capitalisme, sans mettre en péril l'ensemble du système : plafonner les revenus et les patrimoines. Cette proposition n'est pas nouvelle. Elle a déjà été évoquée par Platon, Robespierre ou encore Proudhon. J'ai pleinement conscience des changements que ce plafonnement implique. Il vient à la fois percuter la place dominante de l'élite économique et nos repères. Je reste pour autant convaincu que si la suppression pure et simple de la propriété privée, comme le prônent certains communistes, constitue une position extrême, le droit à la fortune sans limites s'apparente à une position tout aussi extrémiste.

Le plafonnement des revenus et des patrimoines ne vient nullement remettre en cause le droit à la propriété privée. Il vient simplement le circonscrire à un niveau qui serait estimé comme largement satisfaisant à ses besoins propres. Aujourd'hui, la concentration des richesses génère des positions de domination qui déséquilibrent les rapports humains et la liberté d'inclusion économique de chacun. Ce plafonnement ne concernerait pour autant au maximum que le premier pourcent de la population la plus riche, voire moins selon les seuils retenus. Avec 1 % de la population française gagnant *a minima* 10 000 € par mois et possédant 2 millions d'euros nets de dettes, nous pourrions considérer ces montants comme base de réflexion pour déterminer les seuils que nous souhaiterions.

Cette mesure a l'avantage de la simplicité technique pour sa mise en œuvre, *via* un impôt sur le revenu et la fortune. L'impôt sur le revenu passerait à un taux marginal de 100 % au-delà d'un certain revenu et l'impôt sur la fortune atteindrait 100 % au-delà d'une certaine valeur de patrimoine. Lors de l'application d'une telle mesure, les plus riches devraient alors se séparer d'une partie de leur patrimoine. Puisqu'une partie importante du patrimoine des riches n'est pas liquide, il s'agirait de réaliser un transfert de propriété et non de payer un impôt. Il serait alors opportun de créer une agence publique dédiée à l'investissement, tel un fonds souverain qui récupérait ces propriétés : des parts d'entreprise, de l'immobilier, des placements financiers. Grace aux rentes de ce capital constitué et d'éventuelles cessions (logements à des primo-accédants, parts d'entreprise aux salariés...), cette agence pourrait entreprendre une véritable politique d'investissement, pour une transition écologique et des services publics de qualité. J'estime les capacités d'investissement d'un tel fonds souverain à 150 milliards d'euros annuels. C'est énorme et suffisant pour nous offrir de nouvelles perspectives, face à nos nombreux défis. Si la mesure peut sembler radicale, je ne vois pas d'autres mesures susceptibles de nous apporter une telle capacité d'investissements. Comment pouvons-nous réussir si nous n'engageons pas des moyens suffisants ? Cette agence pourrait également jouer un rôle d'actionnaire plus vertueux dans toutes les entreprises qu'elle détiendrait de façon non marginale, privilégiant l'embauche et l'investissement plutôt que la rentabilité de court terme.

Pour s'avérer efficace, cette mesure ne devrait évidemment pas s'appliquer selon le lieu de résidence comme c'est le cas actuellement pour l'impôt sur le revenu et l'impôt sur la fortune, sinon tous les riches s'exileront, assurément. Cette mesure devrait obligatoirement s'appliquer selon la nationalité des personnes afin non seulement d'éviter l'exil fiscal, mais mieux encore, d'y mettre fin. La nationalité comme référence à un impôt est tout à fait envisageable et s'applique déjà dans de nombreux pays et différents domaines. Il faut savoir que l'acquisition d'une nouvelle nationalité n'empêcherait pas l'application de cette mesure. En effet, il faudrait ensuite renoncer à sa nationalité d'origine. Or, la renonciation à la nationalité française est interdite pour des raisons fiscales et pourrait donc, dans un tel cas, être refusée, du moins temporairement le temps d'appliquer cette mesure. Et puisque les services fiscaux connaissent les patrimoines des plus riches (à l'exception de ceux dissimulés dans les paradis fiscaux), ceux-ci n'auraient pas la possibilité de se soustraire à la loi en s'expatriant ou en optant pour une nouvelle nationalité. Cette mesure serait ainsi applicable dans un seul pays, sans nécessiter une adhésion de nombreux pays pour réussir.

Évidemment, les plus riches risquent de s'opposer avec force à une telle mesure. Si celle-ci est techniquement aisée à mettre en place, elle est politiquement bien plus difficile à imposer, j'en ai conscience. Pourtant, elle affecterait au maximum 1 % de la population, soit 500 000 adultes. Pourquoi pourrions-nous réduire les droits des chômeurs ou des retraités qui regroupent des millions de personnes, et pas ceux des plus riches ? Nous devons prendre conscience que le droit à la fortune est uniquement un droit politique accordé aux plus riches, alors qu'il ne s'impose, ni économiquement, ni socialement. Les riches pourront continuer à vivre très correctement et à diriger des entreprises s'ils le souhaitent, mais sans en récolter seuls les fruits, et sans décider seuls. Ils pourront toujours gagner des revenus confortables et bénéficier d'un patrimoine nettement supérieur au Français « moyen ». Cette mesure n'est en réalité pas si radicale.

Certes, un changement de notre Constitution serait nécessaire pour appliquer une telle mesure. Il ne constitue cependant pas un frein si une majorité de Français l'approuve. Notre Constitution française a déjà fait l'objet de nombreuses révisions depuis son instauration le 4 octobre 1958, notamment lors des modernisations des institutions et de la construction européenne. Il suffirait, par vote référendaire, de modifier l'article 17 de notre Constitution en écrivant que « la propriété étant un droit inviolable et sacré, nul ne peut en être privé, si ce n'est lorsque la nécessité publique, légalement constatée, l'exige évidemment, et sous la condition d'une juste et préalable indemnité jusqu'à une limite à définir dans la loi ». D'ailleurs, la France a déjà confisqué des biens sans indemnités : aux nobles en 1792, ou plus récemment lors de la nationalisation de l'entreprise Renault en 1945, qui avait collaboré avec l'occupant allemand. Par ailleurs, la nécessité publique est justifiable dans une situation de crise environnementale et sociale.

Oserons-nous nous attaquer aux privilèges des plus riches ? Je suis convaincu que si nous ne nous attaquons pas frontalement aux dérives de l'économie marchande, nous ne ferons que pérenniser un modèle de domination oligarchique, celle des riches, et cela quoique l'on fasse par ailleurs. Si nous n'opérons pas une rupture, nous ne trouverons jamais les moyens suffisants pour relever les multiples défis qui nous font face : favoriser l'ascension sociale, réussir la transition écologique, réinvestir dans notre pays, renforcer les financements de nos retraites et des dépenses de santé, etc. À défaut, soyons certains que des efforts seront à chaque fois demandés aux citoyens, sur le chômage, les retraites, les déplacements, la dette, les salaires, en leur expliquant qu'il est normal que les Français « moyens » se serrent la ceinture, et jamais les plus riches. Devons-nous l'accepter ?

Soyons assurés que ce changement redonnerait de nouvelles perspectives aux 99 % des personnes qui ne sont pas nées riches, afin de fonder une société plus équitable, plus démocratique, plus humaine, donnant à chacun une dignité effective, avec de vrais moyens de la garantir, et pas seulement des droits de principe. Une telle mesure faciliterait, pour une grande majorité de la population, l'accès à l'acquisition d'un logement, à l'emprunt, à l'actionnariat salarié, à la cocréation d'entreprise. Par ailleurs, elle favoriserait la coopération entre les acteurs économiques, rompant avec les logiques de l'enrichissement personnel sans fin d'une minorité. Enfin, elle donnerait les moyens aux pouvoirs publics d'investir des sommes colossales chaque année. Notre économie en serait à coup sûr stimulée, réduisant le chômage, l'exclusion sociale, la pauvreté et l'insécurité qui en découle, réduisant mécaniquement les besoins d'assistance. Pour autant, cette proposition ne remet pas en cause l'ensemble de notre modèle. Les petits propriétaires et entrepreneurs, les cadres, et tous ceux qui épargnent et se constituent un patrimoine ne seraient nullement affectés par un tel plafonnement. Il ne s'agit pas d'appauvrir la population, mais de mieux répartir la richesse en vue, au contraire, de dynamiser l'économie et l'inclusion de tous. Cette proposition pourrait donc trouver une large adhésion, car elle bénéficierait positivement à 99 % de la population, en ne faisant porter l'effort que sur la seule classe des riches, soit 1 % de la population au maximum. Pour une fois, osons leur demander un effort ! Je détaille cette proposition dans *Abolir le droit à la fortune* et *Vers une société plus juste* : m*anifeste pour un plafonnement des revenus et des patrimoines*.

Si cette mesure peut interpeller, elle reste cependant moins radicale qu'un changement complet de notre système, où les risques d'échecs s'avèreraient bien plus importants. Elle semble également plus responsable que de laisser perdurer un système qui nous conduit vers une destruction de la cohésion sociale et de l'environnement. Des possibilités de changement existent, bien plus que nous pourrions le penser, bien plus que ceux évoqués par une majorité de politiques qui ne remettent jamais en cause la domination de notre élite économique. Il nous reste à nous unir autour des enjeux et projets prioritaires, dont la grande majorité en bénéficiera, en évitant de se disperser sur des sujets secondaires qui divisent, ce qui, évidemment, arrange bien les dominants.

Références bibliographiques

Ouvrages de référence

ALBERT Éric, *Partager le pouvoir c'est possible. Réinventer l'entreprise,* Albin Michel, 2014.

ALVAREDO Facundo, CHANCEL Lucas, PIKETTY Thomas, SAEZ Emmanuel, ZUCMAN Gabriel (coord.), *Rapport sur les inégalités mondiales 2018,* Seuil, 2018.

ASKENAZY Philippe, *Tous rentiers ! Pour une autre répartition des richesses,* Éditions Odile Jacob, 2016.

ATKINSON Anthony B., *Inégalités,* Seuil, 2016.

CHAUVEL Louis, *La Spirale du déclassement,* Seuil, 2016.

CORDELLIER Serge (dir.), *La Mondialisation au-delà des mythes,* La Découverte/Poche Essais, 2000.

DEATON Angus, *The Great Escape: Health, wealth and the origin of inequality,* Princeton University Press, 2013

EYSENCK Michael W., *Happiness: Fact and Myths,* Lawrence Erlbaum Associates, 1990.

Fondation COPERNIC, *Vers une société plus juste* : manifeste *pour un plafonnement des revenus et des patrimoines,* Les liens qui libèrent, 2019.

GADREY Jean, *Adieu à la croissance : bien vivre dans un monde solidaire*, Les Petits matins, 2015.

JORION Paul, *Le Capitalisme à l'agonie*, Fayard, 2011.

JORION Paul, *Misère de la pensée économique*, Fayard, 2012.

LA BOÉTIE, *Discours de la servitude volontaire*, éditions Mille et une nuits, texte de 1576 traduit en français moderne par Séverine Auffret, 1995.

LANDAIS Camille, PIKETTY Thomas, SAEZ Emmanuel, *Pour une révolution fiscale*, Seuil, 2011.

LORDON Frédéric, *Capitalisme, désir et servitude*, La fabrique éditions, 2010.

MASLOW Abraham H., *Theory of Human Motivation*, Psychological Review, 1943.

PIFF Paul K., *Higher social class predicts increased unethical behavior*, Proceedings of the National Academy of Sciences (PNAS), 2012.

PIKETTY Thomas, *Le Capital au xxi siècle*, Seuil, 2013.

PIKETTY Thomas, *Capital et idéologie*, Seuil, 2019.

PINÇON Michel et PINÇON-CHARLOT Monique, *La Violence des riches. Chronique d'une immense casse sociale*, Zones, 2013.

RICHARD Philippe, *Abolir le droit à la fortune*, Couleur livres, 2017.

ROSANVALLON Pierre (dir.), *Refaire société*, Seuil, 2011.

ROSANVALLON Pierre, *La Société des égaux*, Points Essais, 2013.

SCHWARTZ Shalom, « Les valeurs de base de la personne : théorie, mesures et applications », *Revue française de sociologie*, 2006/4 (vol. 47).

STIGLITZ Joseph E., *Le Prix de l'inégalité*, Babel Essai, 2014.

SCHUMPETER Joseph, *Capitalisme, socialisme et démocratie*, 1943, Traduction française Payot, 1951.

ZUCMAN Gabriel, *La Richesse cachée des nations. Enquête sur les paradis fiscaux*, La République des idées - Seuil, 2013.

Références statistiques

Acoss, l'agence centrale des organismes de sécurité sociale

Banque mondiale

Banque des règlements internationaux (BRI)

Ceo-Rexecode

Challenges (classement des grandes fortunes françaises)

Conférence des Nations unies sur le commerce et le développement (CNUCED)

Conseil des prélèvements obligatoires

Conseil de stabilité financière (FSB)

Crédit Suisse, *Global Wealth Databook*

Crédoc

DARES

Deloitte et Cadremploi, « Qualité de vie au travail : et le bonheur ? », 2015

Direction de l'animation de la recherche, des études et des statistiques (Dares)

Economic Affairs

Eurostat

France Stratégie

Fonds monétaire international (FMI)

Forbes (classement des fortunes mondiales)

Institut national de la statistique et des études économiques (Insee)

Classement des marques Kantar BrandZ

Observatoire des multinationales (multinationales.org)

Organisation internationale du travail (OIT)Organisation de coopération et de développement économique (OCDE)

Organisation mondiale du commerce (OMC)

Oxfam

Programme des Nations unies pour le développement (PNUD)

UNCTADSTAT de la CNUCED

URSSAF

Table des matières

Composition : L'atelier des glyphes

9 782315 010141